LES

ANGES DE LA FAMILLE.

Paris. — Imprimerie Dondey-Dupré, rue Saint-Louis, 46, au Marais.

Elle se trainait en rampant vers sa mère, en lui disant, Pardonnez moi.!..........

LES ANGES

DE

LA FAMILLE

PAR

Mme DESBORDES-VALMORE

PARIS

ALPH. DESESSERTS, ÉDITEUR

DE LA LIBRAIRIE A ILLUSTRATIONS POUR LA JEUNESSE

38, passage des Panoramas et galerie Feydeau, 12

AUX MÈRES.

Dans le tumulte de vos devoirs et de vos peines, lasses des bruits ou des orages du monde, mères, n'avez-vous jamais, en rangeant vos armoires, retrouvé tout à coup quelques-uns des jouets de votre enfance? Ne vous êtes-vous pas laissé prendre à regarder longtemps avec un sourire presque tendre, ces bergères de porcelaine ou de Nuremberg, dont les couronnes durent encore? les moutons en bois sculptés, sentant la résine, les anges de cire aux ailes de carton et de gaze, sur lesquelles l'imagination du jeune âge va si vite et si haut?

Moi, j'ai un tiroir où je retiens sous clef les chères visions des premiers beaux jours de ma vie. Parfois, quand je demande au sort une caresse qui ne vient pas, je vais revoir ces rêves ingénus et lustrés dont les couleurs brillantes tiennent bon contre le temps. J'aime toujours les poupées sans rides dont nos jeunes cœurs étaient charmés, que nous appelions nos filles, et qui n'ont pas la moindre trace de raillerie ni d'irritation sur la figure. C'est encore là tout ce que je leur demande pour les chérir du meilleur de mon âme. En effet, leur indulgence impassible, leur silence bienveillant me rappellent notre *jadis* comme le ferait un entretien à voix basse. Ce sont de chastes chroniques, qui redisent souvent des vérités utiles ; qui suspendent, ne fût-ce qu'une heure, le présent quelquefois si pénible ; qui rapprennent des joies vives, des fautes même, dont le regret n'est pas sans fruit pour la raison plus mûre.

Ces innocentes compagnes de l'enfance m'ont aidée souvent à mieux comprendre mes enfants, et sont demeurées pleines de conseils pour moi, mères ! et je partage leurs conseils avec vous !

LES ANGES DE LA FAMILLE.

L'ENFANT DES CHAMPS-ÉLYSÉES.

L'apparition d'une petite calèche verte traînée par quatre chèvres noires, produisit, il y a quelques années, une grande sensation aux Champs-Élysées. Les écoliers qui s'y rassemblent en foule la poursuivirent en poussant de grands cris de joie; cette joie fut au comble quand les chèvres fringantes, caparaçonnées comme de vrais chevaux, excitées par ces acclamations, se mirent à courir de toutes leurs forces. On eût dit qu'elles fuyaient à toute bride pour se dérober à l'admiration que causait leur présence, et leur emportement était plein de grâce : les belles choses de ce monde gagnent un charme de plus à vouloir se cacher. Les écoliers, ravis de l'équipage en miniature, avouèrent que depuis le carrosse de Cendrillon, dont ils avaient beaucoup entendu parler, nul n'avait dû l'emporter sur celui-ci. Ils en entretinrent leurs familles, et la calèche verte devint ainsi l'objet de la curiosité d'une foule d'enfants et de mères. Le brillant du vernis lui donnait, au soleil, l'aspect d'une topaze roulante; elle allait comme le vent; jugez du bonheur qu'elle procurait même à ceux qui n'en avaient que la vue.

L'attelage inoffensif n'était point contristé par l'arrogance d'un cocher en livrée, donnant des coups de fouet aux pauvres ou aux hommes de peine, comme on le voit souvent dans les rues de Paris; ce qui est une grande inhumanité. Un odieux *clic-clac* n'annonçait jamais sa présence; cette charmante voiture n'était entourée d'aucun danger brutal; elle n'avait pour guide qu'une jeune et forte fille de huit à neuf ans, surveillée par un honnête serviteur qu'elle appelait Zolg, à la mine allemande et consciencieuse. Cet homme semblait choisir des yeux les pierres les plus larges et le terrain le plus uni, afin d'éviter un choc à un enfant pâle et blond, qui se balançait dans la calèche comme aux bras de sa nourrice. On ne pouvait douter que cet enfant ne fût un très-heureux enfant, bien qu'il ne le dît pas encore intelligiblement, car il avait quatre ans au plus, et sa mère, qui pouvait l'envoyer se réjouir dans l'air pur, avec une sœur robuste et un guide attentif, était donc elle-même une très-heureuse mère. C'est ce que pensaient toutes celles qui, leurs enfants par la main, regardaient filer le merveilleux carrosse sous les grands arbres de l'immense promenade.

Le teint délicat de l'enfant à la calèche dénotait bien un peu de retard dans le développement de ses forces physiques; s'il parcourait chaque jour en tous sens les Champs-Élysées, où demeurait sa mère, c'était encore, il faut le dire, grâce à l'agilité des chèvres, dont la plus barbue, qu'on appelait Nanine, l'avait abreuvé de son lait. Mais il avait l'air si joyeux en criant: *houp! houp!* quand il frappait des mains en signe de contentement, qu'on ne lui souhaitait rien que d'être ce qu'il était. Ses éclats de rire avaient plus de puissance que des coups de cravache pour animer la vitesse gaillarde de ses quatre chevaux nains, pendant que sa sœur Rosa le suivait avec la légèreté d'un cerf-volant.

Le mois de juin, beau mois qui donne les cerises, venait de s'écouler en courses salutaires pour la santé du petit Michel. Il ne bégayait plus, il lançait distinctement dans l'air le nom de Rosa, sa sœur, celui de Zolg, son gardien allemand, et celui plus perçant de : mère ! Quand il le répétait, les bras tendus, dans l'impatience de retourner vers elle, tandis que les jambes très-minces de Zolg le disputaient d'empressement avec celles des chèvres, le berceau mobile du petit Michel était presque toujours entouré d'une trentaine de jeunes amateurs devenus sa garde à pied. Essoufflés et criant comme des paons à côté des chèvres éperdues, ils manquaient rarement l'heure du rendez-vous, et leur escorte plaisait à Michel, qui les cherchait des yeux sitôt qu'il sortait de la maison de sa mère. Alors, c'était pendant une heure des hourras charmants, ébranlant les feuillages, faisant voleter d'arbre en arbre des centaines d'oiseaux étonnés, qui n'avaient pas réellement peur ; car ces oiseaux familiers semblaient comprendre que ce n'étaient point là de vrais chasseurs, et ils n'allaient pas loin ; au contraire, ils tournaient curieusement leur tête vive au bord des branches vertes pour s'enquérir des causes d'un tapage si éclatant.

Parmi les derniers rayons du soleil couchant, qui pénétraient comme des lames d'or dans les grands arbres, on voyait chaque jour les nombreux coureurs de Michel disparaître et retourner vers Paris. Les promeneurs entendaient longtemps leurs saluts lointains au petit favori de la fortune, qui, de son côté, leur envoyait des baisers plein ses mains. Longtemps les échos répétaient de toutes parts ces voix grêles et gaies se répondant :

« Adieu ! adieu ! »

Hélas ! oui, adieu, car un lendemain de tous ces beaux jours-là fut triste. Il fit penser à beaucoup que ceux qui possèdent les plus brillantes superfluités de la vie n'en sont pas les plus heureux ; qu'il ne faut pas envier les douceurs périssables, et qu'enfin chacun a ses douleurs.

L'obligation survint à la mère de Michel de s'absenter deux jours : des affaires l'y forçaient pareillement chaque année. Cette fois, comme toujours, madame de Senne surmontait avec effort le malaise que toute mère éprouve à s'éloigner de ses enfants, et son cœur battait lourdement. Quand elle eut donné à chacun ses instructions pour la tenue du ménage durant son absence, elle prit à part Rosa :

« Ecoute, lui dit-elle, j'ai bien de la peine et du regret à quitter Michel et toi ; mais il le faut pour vous deux, mes chères âmes, dont je suis, par la volonté du ciel, le père et la mère tout ensemble. Console-moi, ne quitte pas ton frère, même des yeux, en mon absence, à moins qu'il ne soit avec Zolg ; ne le promène que dans la compagnie de ce brave serviteur. Tu sais que Marguerite ne peut jamais descendre ; ainsi, restez avec elle, et souviens-toi que je te laisse responsable de ce que j'ai de plus cher au monde, Michel et toi ! »

Rosa baisa cent fois sa mère après l'avoir écoutée, les yeux ardents et remplis d'une intelligence que sa mère jugeait au-dessus de son âge. Elle hasarda pourtant un « mais, maman !... » que madame de Senne interrompit pour lui dire avec une douce fermeté :

« Tu m'as promis d'oublier ce terrible *mais*

qui revient trop souvent dans tes réponses. Il n'est pas admis chez les enfants ; ma fille, souviens-toi que mes ordres ne sont jamais que des preuves d'amour,

— Eh bien ! tu verras, » répliqua Rosa en serrant la main de sa mère avec une grâce irrésistible.

Madame de Senne partit. Michel, qui ne la vit point à table à l'heure du repas, regarda par toute la chambre ; puis, il se dit comme à lui-même : « Demain, demain ! » C'était la phrase qu'il jetait chaque soir aux écoliers ses amis. Il demeura triste jusqu'à l'autre *demain*, dont nous avons tant de choses à dire.

Ce jour-là Zolg, forcé d'aller jusqu'à Vincennes au-devant de sa maîtresse, n'attela pas les chèvres ; il eut soin de recommander humblement à Rosa de ne pas quitter le seuil et de rester, jusqu'au retour de sa mère, auprès de la vieille gouvernante paralytique dont madame de Senne prenait un soin pieux.

Rosa, moitié triste, moitié caressante, regarda Zolg, et, comme ce n'était pas à sa mère qu'elle répondait, Rosa ne s'abstint pas de lui dire : « *Mais*, mon bon Zolg, je sais comme toi ce que j'ai à faire. J'aurai soin de Michel bien plus que de moi-même ; là, es-tu content ? »

Zolg, en tirant son chapeau, s'en alla respectueux et confiant dans mademoiselle Rosa.

Pourtant, cette jeune fille pensa que, puisqu'elle était la seule maîtresse durant l'absence de sa mère, elle n'était pas obligée d'obéir aux serviteurs. Du fond de la grâce et des bonnes qualités de Rosa, il sortait parfois une sorte de volonté cavalière qui la portait au commandement. La vieille Marguerite ne gagna rien à lui rappeler les ordres de sa mère.

« *Mais*, Marguerite, repartit Rosa, donnant toujours honnêtement des raisons pour justifier sa résistance, maman n'aime pas Michel plus que je ne l'aime, j'en ai soin tous les jours. Il veut le grand air, ce pauvre Michel, et je vois bien comme il me regarde : je le descendrai donc, rien qu'un peu, ma bonne, au delà des buis de l'enclos, j'y suis très-décidée. »

Marguerite, fâchée, mais subjuguée par l'air de petite reine absolue qui perçait dans l'attitude de Rosa, reprit sa couture et se tut.

Dès lors, Rosa, très-affairée, prit seule le soin d'atteler les chèvres, les embrassant et les grondant tour à tour ; puis, faisant la petite maman, elle porta son frère jusque dans la calèche, qui ne tarda pas à sortir sous ses ordres. Ce fut pour elle un moment de triomphe inexprimable; les chèvres, la calèche et Michel n'obéissaient qu'à sa prévoyance et à son amour, et sa joie était de montrer à tous si elle manquait d'amour et de prévoyance ! Tout marcha. Par un instinct de raison dont on ne croirait pas les chèvres susceptibles, n'entendant pas la voix prudente du vieux Zolg réprimer leur fougue, elles allèrent d'elles-mêmes moins vite et comme languissamment. Nul écolier ne parut ce jour-là : toute la bande joyeuse était occupée ailleurs. Une longue volée de poussière l'attirait au bord du chemin de l'Arc de l'Étoile. Le roi passait dans la grande allée qui y mène ; sa brillante livrée rouge, une foule de chevaux d'élite montés par des hussards à panaches flottants, retenaient les écoles rangées en haie pour lancer leurs cris dans l'air. Toute cette jeunesse brûlait de savoir ce que c'est qu'un roi vu de près.

Parmi les passants disséminés en petit nombre sous les arbres où restait Rosa, un pauvre s'approcha des enfants que tous regardaient avec intérêt. Rosa tendit au pauvre une petite pièce de monnaie, lui disant :

1.

« Prenez cela, Monsieur, pour acheter du pain. »

« Et du nanan! » ajouta Michel de l'air charmant et sérieux du conseil. Il fit sourire un vieillard en l'excitant à l'aumône, et le pauvre satisfait s'éloigna lentement, regardant tour à tour le vieillard et les enfans à la calèche. Était-il touché de leur grâce innocente? Qui ne l'eût été en les voyant ainsi confiants et seuls!

La jeune fille parcourut moins de distance, il est vrai, mais elle fit rôder les chèvres plus tard que d'habitude dans les allées voisines de leur maison. Cette promenade n'était animée par aucun des enfants qui la rendaient d'ordinaire si bruyante. Le roi, son escorte, les écoliers, les maîtres, tout avait successivement disparu. Michel s'en allait dormant à la volonté de ses chèvres et de sa sœur. Le vaste jardin était silencieux; le cœur de Rosa commençait à battre, tellement que toute grave et toute responsable du petit Michel, elle rentra tout à coup pressée de prouver à sa mère, qu'elle jugeait être de retour, que les choses n'avaient jamais si bien été que ce soir-là. Dans sa préoccupation, obligée de traverser un petit enclos fleuri qui se terminait par la loge du concierge, elle laissa devant le seuil la calèche où son frère était profondément endormi.

Quand Rosa redescendit, elle sautait joyeusement à la suite d'une dame qui la devançait avec empressement : cette dame en habit de voyage, rayonnante de bonheur et d'impatience, ne trouvait pas le courage de gronder Rosa sur l'acte d'indépendance qu'elle avait osé commettre. L'impétueuse Rosa venait de se pendre à son cou, et le petit Michel était sauf, puisque Rosa riait.

Rien qu'à voir aller cette dame au devant de Michel, on eût deviné que c'était sa mère. Ses bras s'ouvraient déjà pour le serrer et son âme pour le reprendre. Et Rosa disait : « Il dort, tu vas voir ! tu vas voir ! » Et l'on va.

Oui, la calèche est à la porte, mais elle est vide.

Pourquoi ? comment le faible enfant en est-il sorti ? Il ne marche pas seul depuis une chute qui a blessé son petit genou. A-t-il voulu descendre, lui si timide ? Est-il tombé ? Non, pas un cri n'a été entendu, et quand les enfants tombent, ils pleurent. Celui-là pourtant moins que les autres, car il est d'une rare douceur et chacun de ses mouvements ressemble à une caresse. A travers l'indicible frisson qui parcourt son corps, la mère articule faiblement d'abord le nom de Michel! Michel! Puis, ne recevant aucune réponse, commence à lever sa voix effrayée, qui bientôt déchire l'air de ce nom cent fois répété : « Michel! Michel! Michel! » Pas de réponse. Rien n'a d'oreille, rien n'a de voix. Alors Rosa possédée de terreur ne pousse plus que des cris affreux. Zolg accourt épouvanté croyant... ne sachant vraiment pas ce qu'il croit, sinon qu'un grand danger menace ses maîtresses. Leurs traits bouleversés, la calèche vide lui racontent l'horrible événement. Ils n'ont plus à l'apprendre ; Michel a disparu. On appelle au secours ; on allume des flambeaux, on court jusqu'à la barrière, on interroge avidement au retour quelques rares promeneurs : ils n'ont rien vu, rien entendu, sinon les cris récents qui viennent de les attirer autour de cette maison pleine d'effroi.

Les heures sont dévorées en vaines recherches, en attente mortelle, en prières ardentes, en efforts de toute nature pour découvrir la trace du petit être adoré. Le tout en vain! Quelle nuit pour la mère désespérée, pour Rosa immobile, saisie par moments de convulsions violentes, serrant avec frénésie les genoux de sa mère, criant à ceux qui veillent auprès d'elles : « J'ai fait un malheur ! Tuez-moi ! oh ! s'il vous plaît, tuez-moi ! » Comme personne ne trouve de paroles pour la consoler et qu'elle se traîne en rampant vers sa mère, criant toujours : « Tuez-moi ! » sa mère lui dit d'une voix brisée :

« Moi qui suis morte, ô ma fille, comment vous tuerais-je » ?

On craignit durant plusieurs jours pour la vie de cette jeune imprudente. Les écoliers attristés ne firent plus de bruit en passant devant la maison. Tandis que Rosa retenait sa mère au chevet de son lit, on vint, au nom du premier magistrat, demander de nouvelles instructions sur cette aventure fatale. Il est impossible de décrire le combat qui s'éleva dans le double désespoir de la mère. D'abord elle se précipita vers l'escalier, croyant qu'elle seule pouvait éclairer la justice et lui bien peindre son enfant ; puis s'attachant tout à coup à la rampe, elle dit à Zolg qui la suivait : « Empêchez-moi de sortir ; si je ne retrouvais pas Rosa vivante, je croirais m'être vengée d'elle en l'abandonnant à mon tour ; j'aime mieux mourir de douleur que de remords. »

Zolg, qui savait les moindres détails et qui brûlait d'agir, se rendit en toute hâte à l'ordre du préfet, qui, heureusement, était très-humain, et qui avait des enfants. Il reçut lui-même l'honnête serviteur et l'écouta très-attentivement. Toute la déposition de Zolg venant à l'appui de celle de sa maîtresse, fut enregistrée avec soin par un secrétaire qui regardait Zolg dans le blanc des yeux après chaque parole, et qui finit par se laisser gagner d'une telle émotion, en voyant ruisseler les larmes sur cette figure honnête, qu'il essuya les siennes pour écrire lisiblement les questions du préfet et les réponses de l'Allemand.

« Quel âge a l'enfant volé ?

— Ah ! monsieur, l'âge des anges, quatre ans à peine.

— Ses noms et prénoms ?

— Michel de Senne, fils d'un officier supérieur de la marine, tué à Navarin.

— Où demeurait l'enfant ?

— Aux Champs-Élysées, numéro sept, allée des Veuves, d'où il s'est envolé à Dieu, s'il n'a pas été pris par quelque méchant de ce monde.

— Sa mère se croit-elle des ennemis ?

— Ma maîtresse est une sainte veuve. Elle

ne connaît à Paris que ses deux serviteurs ; nous donnerions notre sang pour elle ; où seraient ses ennemis ?

— Quels vêtements couvraient son enfant le jour qu'il a disparu ?

— Ce jour-là, sa sœur l'avait habillé elle-même ; Marguerite, la gouvernante, lui a donné, sur ses instances, des souliers de maroquin rouge, des pantalons de cachemire blanc, un bonnet chargé de rubans bleus, un chapeau de feutre blanc à plumes flottantes ; une chemise de batiste plissée, une blouse ouverte en drap blanc, doublée de soie bleue, puis la chaîne d'or où pendait la croix d'honneur de mon maître. L'enfant avait coutume de la demander pour la baiser.

— L'enfant parle donc ?

— Il sait déjà dire : Adieu, demain, Rosa, nom de sa sœur ; puis Marguerite, puis mon nom, et beaucoup de paroles de son invention ; puis cette prière des petits enfants, que je lui ai apprise moi-même en le tenant dans mes genoux :

> Mon cœur est si tendre
> Que Dieu peut le prendre :

N'en faites, mon Dieu, dédain ni refus ;
Vous le garderez pour l'enfant Jésus !

La vieille voix sanglotante de Zolg s'arrêta tout court. Son accent germanique et sa candeur qui lui faisait appeler le préfet : Monseigneur, mêlait un comique triste à ce récit dont les auditeurs ne souriaient pas. Il y a quelque chose d'auguste dans la douleur d'un vieillard et dans toutes les douleurs vraies. Le respect dû à celle-ci s'augmentait au contraire de la naïveté qui l'exprimait difficilement. Aussi fut-il prouvé à Zolg qu'on ne l'entendait pas avec indifférence. Il put dire à sa maîtresse qu'une pitié profonde veillait sur elle, et que la justice humaine, comme la Providence divine, cherchait nuit et jour son enfant.

Rosa, grâce aux soins et aux veilles de sa mère, revint à la vie. La nature fut plus forte que son affreux saisissement ; le délire et la fièvre la quittèrent. Durant sa convalescence elle pria Dieu, lui disant qu'il savait bien qu'elle n'était pas méchante, et lui demandant à genoux de consoler sa mère, car elle voulait de toute son âme qu'elle fût consolée ; mais elle n'attachait jamais sur cette pauvre mère que le regard effrayé du repentir, et ce regard les poignardait ensemble. Les enfants comprendront cela ; les mères le comprendront bien mieux encore.

Après trois mois d'une affreuse anxiété, après tous les sacrifices épuisés à la recherche ardente de Michel, une visite fut rendue à sa mère par l'un des hommes les plus habiles à découvrir les attentats cachés dans notre grande cité ; il lui dit qu'il était presque inutile de se flatter plus longtemps ; que la justice avait tout inventé pour découvrir son enfant, et que Dieu seul pouvait maintenant le lui rendre.

Mme de Senne s'évanouit.

La disparition de Michel resta donc enveloppée d'un mystère impénétrable. La grande police de Paris, active comme une armée occulte, avait employé sa vigilance en efforts impuissants. Le désespoir de la mère devint muet comme le sort. Pas un reproche n'ouvrit ses lèvres contre Rosa ; mais jamais un sourire ne détendait ses traits pétrifiés sous une pâleur mortelle ; et Rosa disait toujours en vain dans ses prières : « Mon Dieu, je n'étais pas méchante. Mon Dieu, punissez-moi toute seule du malheur que j'ai fait ; mais... je n'étais pas méchante. »

Hélas ! on peut faire bien du mal et n'être pas méchante.

Tandis que l'innocence repentante de Rosa eût attendri un cœur de pierre, l'image innocente de Michel flottait nuit et jour devant les yeux de sa mère et consumait tout ce qui restait de vivant en elle. Le silence, le charitable silence était tout ce qu'elle pouvait accorder à l'enfant indocile qui l'avait privée de Michel. Cette pauvre femme affligée croyait que Dieu n'en pouvait pas exiger davantage. Rosa le croyait aussi, car elle baisait timidement la main de sa mère, qui maigrissait à vue d'œil, puis elle lui disait tout bas, pour en obtenir un plus long regard :

— Je vais bien étudier mes leçons pour toi, ma mère !

Alors restée seule, la tête plongée entre ses genoux, la mère étouffait ses sanglots, Rosa ne l'entendait pas crier : « Et toi, Michel, quelles leçons reçois-tu ? Quel ange gardien t'instruit et te préserve du mal, quelque part que tu sois, si tu respires quelque part, mon pauvre petit enfant ! »

Il n'y avait jamais que le vieux Zolg qui lui

répondît par un sanglot, quand elle le retrouvait planté devant elle, infatigable comme la pitié. L'approche de cet humble ami lui causait toujours un espoir convulsif. Croyant d'abord qu'il revenait vers elle de la part de la Providence, elle attachait sur lui son regard qui se ravivait comme une lumière; puis le vieillard n'ayant rien de plus à lui apprendre que son éternelle compassion, elle replongeait la tête sous ses mains qu'elle inondait de larmes. Elle savait bien que Zolg venait d'arpenter tout Paris; que chaque jour il y perdait comme elle inutilement ses forces, et que pas un seul des quartiers de la vaste ville n'avait échappé à leurs recherches avides. On la voyait errer dans la foule comme une biche blessée, jetant çà et là ses regards perçants, toujours prête à s'élancer sur chaque jeune créature dont l'aspect la bouleversait d'une espérance poignante. Des cheveux blonds au vent, des petits pieds incertains à la marche, un vêtement quelque peu semblable à celui de Michel, c'était Michel ! Et ce rêve lui laissait l'éblouissement d'un éclair. Alors elle passait comme une ombre devant chaque mère effrayée de ce regard étrange, et plus d'un enfant avait dit de cette âme si tendre : « La dame me fait peur ! Je n'aime pas la dame. »

Après une de ces courses vides qui la forçaient, durant quelques instants, à un mauvais sommeil, ayant entendu le pas égal et triste de Zolg, elle releva la tête comme sortant d'une léthargie. « Mon pauvre Zolg ! vous ne le chercherez plus, ni avec moi, ni sans moi. Pourquoi ne me dites-vous pas que c'est mal de tuer ainsi ceux qu'on aime au service de sa douleur ? Eh bien ! moi, je viens de me le dire : Oui, c'est mal, oui, c'est indigne, et je ne veux pas, je ne veux plus me révolter ainsi contre la volonté de Dieu. Mon cœur, ou ma conscience vient de m'en faire un reproche sévère. Vous m'avez trop aidée dans cette poursuite dévorante. Si vous ne vous arrêtez pas, vous mourrez, Zolg ! et j'aurai mérité de ne pas retrouver Michel, ni un serviteur comme vous. Alors je n'aurai plus personne pour le pleurer avec moi ; car vous l'avez beaucoup soigné, vous, merci, bon Zolg ! vous avez beaucoup aimé, beaucoup pleuré, mon pauvre petit Michel.

— Pas plus que mademoiselle Rosa, madame, répondit timidement le vieux serviteur.

Il se fit un silence durant lequel madame

de Senne cacha son front sous son mouchoir. C'était un de ces silences que Dieu seul entend pour y verser son esprit et sa lumière ; car la mère en deuil de son dernier né n'exhala que par ces douces paroles le triste tumulte de ses peines :

« Vous êtes un si honnête homme, Zolg, et vous avez si bien rempli votre devoir, que vous me donnez une grande leçon pour remplir les miens. J'assisterai tous les jours aux leçons de ma chère Rosa ; je ne la confierai jamais à une maison étrangère. Non, il ne faut pas qu'une mère s'éloigne un seul jour de son enfant. Allons ! poursuivit-elle en se levant, conservez vos forces afin de veiller sur elle et sur moi. Je serai la servante de ma fille et du Seigneur qui m'honore d'une immense infortune : elle vaut bien le bonheur de ce qui m'entoure. »

Zolg salua comme involontairement sa maîtresse, bien qu'il restât devant elle, car elle lui paraissait en ce moment plus grande qu'à l'ordinaire. Tout alla de part et d'autre comme elle l'avait souhaité. Rosa fit des progrès immenses sous les yeux de sa mère, qui, pour l'en récompenser, l'embrassait avec la plus tendre effusion, sans larmes ; et Rosa, qui priait toujours, disait : « Mon Dieu ! se pourrait-il que vous m'accordiez bientôt le soulagement de voir ma mère consolée? » Rosa était si jeune qu'elle croyait qu'une mère peut être consolée!

On avait prêché dans l'église voisine, où Zolg, sur ses épargnes, allumait tous les jours un cierge qu'il regardait brûler jusqu'à la dernière lueur. C'était sa manière de demander Michel à Dieu, à la Vierge, à tous les saints. Ce jour-là, l'église était envahie ; chacun avait peine à se faire passage, car on pousse impitoyablement dans les églises, ce qui étonnait toujours le vieux Zolg, qui se sentait là plus près de Dieu qu'ailleurs.

Il eût quelque peine à sortir, étouffant presque et se laissant rouler au flot qui se pressait vers le portail, ne perdant de vue ni la foule ni le cierge, qui cessa de brûler à la fin.

« Qu'avez-vous donc là? lui demanda la vieille Marguerite en le voyant rentrer. On dirait que votre habit est déchiré.

— Il se pourrait, dit Zolg avec un grand sang-froid. Ils se heurtent dans la maison de Dieu comme les âmes dans le purgatoire... mais où donc suis-je déchiré? »

Marguerite, qui avait de mauvais yeux, s'aperçut alors que ce qu'elle prenait pour un lambeau de l'habit de Zolg était un lambeau de papier pendillant, fixé au drap par une épingle.

Leur surprise fut grande lorsqu'après avoir détaché ce papier, grossièrement cacheté avec de la mie de pain, ils parvinrent à lire, en s'aidant l'un l'autre, cette singulière adresse :

A ladam quia cate cheve.

Zolg et Marguerite, n'étant pas d'ailleurs très-scandalisés de l'orthographe, finirent par deviner que celle-ci disait clairement :

A la dame qui a quatre chèvres.

Ils se regardèrent émerveillés, puis conclurent discrètement à ne pas rompre l'épais cachet, mais à porter en toute hâte l'étrange missive à leur maîtresse. D'abord, madame de Senne ne sut ce que signifiait l'air ému de Zolg ni l'intérêt qu'il semblait prendre à cet affreux chiffon.

« Mon Dieu ! madame, lui dit-il, lisez ; car il est écrit là-dessus : A la dame qui a quatre chèvres. » Et madame de Senne, se laissant promptement gagner par le battement de cœur de Zolg, ouvrit la lettre en tremblant comme une feuille. Ayant parcouru et compris, par miracle peut-être, les lignes qu'on va lire, un grand cri partit de son âme, et ses yeux se fermèrent. Elle venait d'entrevoir le doigt de Dieu dans ces paroles qui ne lui semblaient appartenir à aucune langue.

« *Leupeti ne pa mor soie tran qil. Ont luis fepa Mal. gempaiche ce tou se quege peu dir. quonssol e vou.* » Il fut reconnu par tous ceux qui s'appliquèrent à déchiffrer cette espèce d'hiéroglyphe que madame de Senne avait exactement lu :

« Le petit n'est pas mort ; soyez tranquille, on ne lui fait pas de mal, je l'empêche. C'est tout ce que je peux dire. Consolez-vous »

Ce rayon, dans une si longue nuit, ranima la foi passionnée de la mère. Elle sentit en elle comme si la main vivante de son enfant l'avait touchée. Il coula de l'espoir parmi les sanglots qui l'étouffaient : c'était assez pour ne pas mourir. Enfin ce grand mystère lui parut moins funèbre, et, durant quelques jours, il fut plus supportable : la vie était au fond, la vie de son enfant ! Sa détresse, à elle, son innocence, à lui, avaient donc apitoyé quelqu'un qui l'approchait ; une femme, une mère peut-être ! « Tenez, mon Dieu, s'écria-t-elle en élevant ce papier devant Dieu, mon Dieu, lisez ! faites que ceci soit vrai ; faites que la main qui m'a pris mon enfant le sauve de la mort, et prenez mon cœur tel qu'il est en ce moment. Oh ! regardez-y bien : dans ses transes inouïes, dans ses larmes de sang, partout, mon Dieu, partout, il y a pardon ! »

Le plus grand secret fut gardé sur cette lettre, car elle parut être comme un fil précieux qui pouvait guider jusqu'au labyrinthe où Michel était enfermé.

Rosa ne parlait jamais de son frère ; il n'y avait que son silence qui attestât le souvenir qu'elle en gardait. Passait-elle devant les chèvres qui ne sortaient plus, un frisson la parcourait, tandis qu'elle les regardait d'un air effaré qui faisait mal à voir. Une fois, en revenant de sa course journalière avec Zolg, elle trouva devant leur porte un rassemblement d'écoliers que sa présence fit taire instantanément. Ils la laissèrent passer tristes et sérieux, tenant leurs casquettes à la main. De temps à autre, ils venaient ainsi demander quelques nouvelles de l'enfant perdu.

En les reconnaissant, Rosa devint d'une pâleur effrayante; ses lèvres s'amincirent, et son nez, plus blanc que le marbre, s'effaça comme dans la mort. Zolg, attentif, la couvrit du petit manteau qu'il portait par précaution sur son bras. Arrivée au milieu de l'enclos, elle tourna brusquement ses grands yeux noirs sur Zolg, et articula d'une voix étranglée :

« Faut-il que tu sois bon, d'avoir encore soin de moi !

— Si je pouvais l'être assez pour que Dieu vous rende heureuse!

— Va leur dire que non, » répliqua-t-elle en désignant les écoliers rangés en dehors du seuil, et les saluant faiblement de la main. Puis elle s'enfuit sous un rideau de sa chambre.

Quand elle eut échauffé son mouchoir de son haleine pour sécher ses yeux avant de paraître devant sa mère, elle arriva furtivement derrière elle, puis s'arrêta craintive, car la présomptueuse Rosa était bien changée. Madame de Senne se croyant seule, relisait attentivement le lambeau du papier mystérieux où elle espérait toujours deviner quelque mot mal compris, quelque indice caché dans le sens de ces paroles vulgaires, enfin elle cherchait Michel.

Il y avait juste un an d'écoulé sur l'événement qui lui paraissait toujours être arrivé la veille. Assise devant une armoire ouverte, elle venait d'en retirer les vêtements du cher petit absent qui régnait sur tout elle-même, et baisant ses habits qui lui représentaient sa forme, sa grâce et sa voix, elle s'abreuvait de cette joie terrible qui brise et qui tue, que la Vierge a dû sentir pour devenir à jamais charitable aux femmes qui lui redemandent leurs enfants perdus.

Il s'éleva un grand trouble dans l'âme de Rosa. Ce transport d'une tendresse comme divine, accordée au simulacre de Michel, lui révéla tant de choses à la fois, tant de générosité, de souffrance, d'amour contraint chez sa malheureuse mère, que la jeune fille se saisit de tous les vêtements de son frère pour s'en couvrir, et que se jetant sur les genoux de sa mère surprise, elle lui cria : « Maman, embrasse-les sur moi comme tu les embrassais, je t'en prie ! » Une telle mère pouvait-elle ne pas comprendre une telle fille ? Nulle parole n'aurait répondu à Rosa ; Rosa se sentit seulement étreinte au cœur qui se rouvrait tout grand pour elle, et couverte de larmes brûlante trop longtemps contenues entre elles deux.

Ce fut un moment d'intelligence éternelle. Le beau visage enflammé de cette jeune fille redevenue un moment heureuse parut à sa mère une brillante prophétie ; elle osa la contempler à plein cœur et se rassasier de consolation. Rosa, d'un air tendre et réfléchi, lui dit :

« Pourquoi me cachais-tu que tu pleurais toujours?

— Parce que je voulais te laisser grandir sans t'étouffer, ma chère fille. La douleur de tous les jours n'est pas de ton âge.

— Oh! j'ai ton âge, maman, puisque j'ai l'âge où l'on souffre. Et j'ai souffert, va. Tous mes jours depuis ce soir-là, je les ai bien soufferts ! Laisse-moi te le dire pendant que je l'ose. Une fois que je rentrais, que j'étais lasse, que j'avais faim, et que tu fus contente de voir que j'avais faim, et que ta bonté, comme pour lui, me choisit de ce que j'aimais, je me jetai sur ces choses avec tout mon appétit réveillé. Puis, je ne sais quoi, comme un couteau, me traversa l'estomac. Devine!... c'était de manger seule ces fruits et ces gâteaux que tu me donnais; et je les trempai de larmes, et j'eus honte, et je courus donner tout à nos chèvres, à sa Nanine. Depuis ce temps-là je n'aime plus à manger.

— Et voilà donc pourquoi tu as pris les gâteaux en aversion?

— Oui; j'ai bien souvent prié mon ange gardien de porter à mon frère toutes ces choses dont je n'étais plus digne.

— Assez, mon enfant, interrompit la mère, dont le courage commençait à faiblir.

— Non, poursuivit passionnément Rosa, il faut que tu me pardonnes pour toujours. Comment le ferais-tu, si tu ne savais pas que j'ai souffert autant que toi? Demande à Zolg, il connaît tous mes chagrins, lui : te voyant si pâle, si changée, ma mère, toi si douce, mais si muette avec moi, je lui confiai un jour que je voulais aller me perdre aussi, afin d'être pardonnée et... regrettée autant que mon frère. »

Madame de Senne tressaillit et saisit sa fille par le corps.

« Oh! vois-tu, poursuivit Rosa, je ne savais pas alors penser tout ce que je pense à présent; pourtant je ne voulais rien faire sans le conseil de Zolg; Zolg fut très-étonné. Il me répondit:

2.

« Mademoiselle, s'il en arrivait ainsi, votre mère mourrait tout à fait. » Et cela fit que je restai pour tâcher de te faire vivre. »

Madame de Senne courba la tête devant toutes ces leçons du malheur. Elle sentit que Rosa pouvait déjà savoir et garder un secret parce qu'elle avait beaucoup réfléchi : elle partagea donc avec elle celui de la lettre.

Rosa, d'abord ivre d'espoir, écouta cette confidence en riant convulsivement ; puis après avoir épelé cette lettre avec la plus grande attention, «Pourvu, dit-elle en joignant les mains avec force, pourvu qu'il se ressouvienne de sa prière et qu'il la récite le matin et le soir, oh ! la sainte Vierge n'y pourra résister, ma mère !

— Mon enfant, je t'aime !... et je vous donne à tous deux mon égale bénédiction, » dit la mère.

Tel fut le résumé de cet inoubliable entretien.

Madame de Senne s'établit plus fervente que jamais dans son patient supplice. On comprend ainsi les martyrs lapidés recevant tout à coup le bienfait d'un peu d'eau fraîche pour laver leurs plaies vives. Plus elle avait souffert, plus la foi fermentait dans son esprit. Si ses pensées n'étaient pas moins amères, on pouvait dire qu'elles étaient moins bouillantes, et comme on les ressent dans la pieuse gravité d'une église. Se ressouvenant que tous les bonheurs fuient comme des volées d'oiseaux, elle entrait dans la conviction que rien dans cette vie, telle solitaire, telle dépouillée qu'elle soit, n'est inutile devant l'appréciation de Dieu. Elle alla jusqu'à s'avouer qu'une douleur sans mesure n'est rien au fond d'elle-même, puisqu'elle peut cesser avec la mort; mais que ce qui en reste d'impérissable, c'est le respect, c'est l'acquiescement avec lesquels on l'a subie. Ses larmes coulaient dans la soumission, et celles-là comptent seules, car elles ne coulent pas sur le sable aride de la révolte ; elles s'épanchent sur le sein de quelque ange attentif qui les garde pour en désaltérer un jour l'âme même d'où elles ont coulé. Elle continua de se maintenir debout pour marcher dans les ronces. Elle releva son front qui, si jeune encore, se couvrait déjà de cheveux blancs. Elle loua Dieu qui lui laissait la vie pour accomplir sa tâche. Et quelle tâche? Celle de pardonner à une coupable telle que Rosa ! Quel devoir? Celui de conserver un pareil amour pour revoir Michel, s'il vivait ; un pareil amour pour le pleurer, s'il ne vivait plus !

La mère et la fille se tinrent donc près l'une

de l'autre, comme deux prières vivantes que le silence et l'abandon ne décourageaient pas.

Il est presque inutile d'appuyer sur un fait dont nous venons de lire la preuve : c'est que la turbulence de Rosa se trouvait subjuguée par un repentir si vrai, qu'il était devenu de la raison. Cette raison douloureuse avait été greffée, pour ainsi dire, sur un cœur plein d'énergie, palpitant de l'instinct hâtif de la domination. L'énergie seule lui restait pour aimer et soutenir dans ce cœur l'inébranlable volonté d'obéir. Elle ne croyait plus en elle, mais dans les autres. Elle marchait devant eux par la peur de s'égarer encore; par la défiance de s'obéir à elle-même, qui n'avait pas su se commander. Ses yeux ne lui servaient plus qu'à regarder ; mais, quant à juger, discerner et choisir, ceux de sa mère en étaient la vraie lumière : elle n'y voyait plus que par eux.

En ce moment, tous les jardins étaient en fleurs, les chemins verts ; puis les jours se levaient et se couchaient, changeant la teinte des arbres, des rues et du ciel, et rien ne changeait dans la dévorante immobilité de l'absence de Michel.

C'est au milieu de ces bienfaits et de ces tristesses qu'elles se préparèrent au petit voyage qui conduisait annuellement cette veuve par delà Vincennes. Elle allait y régler elle-même avec des fermiers les produits de la culture des terres qui faisaient tout son patrimoine et celui de ses enfants. Ce départ rappelait au vif la disparition de Michel. Suivant sa mère, s'éloigner de Paris, c'était quitter le poste où son cœur était enchaîné... pauvre sentinelle! Mais jamais le mot, *il le faut*, n'avait trouvé de résistance chez cette femme selon Dieu. Elle partit, et Rosa se laissa doucement emporter sous son adorable surveillance.

On ne pouvait passer librement depuis le boulevard de la Bastille jusqu'à la barrière du Trône. Un grand encombrement de voitures et le conflit de troupes, arrivant par la même porte, ne permettaient pas même aux piétons de traverser les obstacles qui, de minute en minute, obstruaient le chemin. La chaleur était excessive; des flots de soleil tombaient sur des flots de promeneurs, de curieux, de gens affairés, se croisant en sens et en intérêts divers. Le simple carrosse de louage qui conduisait madame de Senne et Rosa fut forcé de s'aligner à la bordure de ce boulevard populeux, et bientôt, comme toutes celles qui ne pouvaient avancer, elle servit de point de mire aux marchandes de fruits et de fleurs qui se pressèrent autour de la portière. Madame de Senne, usant partout du droit de faire un peu de bien, couvrit les genoux de Rosa de toutes les offrandes fraîches ou fanées qu'on venait lui présenter, Rosa passa dans son bras plusieurs couronnes de bluets dans l'intention de les attacher à la première chapelle qu'elle verrait sur le chemin. La figure noble et pâle de sa mère apparaissant sous le store vert à demi tiré, fit accourir un gros petit Savoyard, qui s'efforça de suspendre sa marmotte pelée à la hauteur de la glace ; après quoi, comme les autres et la main pleine, il s'en alla reprendre à l'ombre son siége, c'est-à-dire la dalle qu'assouplissait un tas de poussière en guise de coussin.

Malgré l'éblouissement occasionné par les rayons ardents du jour que la jeune fille bravait sans effort, les deux voyageuses suivaient vaguement du regard le joyeux garçon qui faisait tournoyer sa marmotte en l'air, lorsque Rosa, posant tout à coup sa main sur le bras de sa mère, la surprit par l'étrange expression de ses yeux.

« Quoi donc, Rosa, quoi donc ?

— Rien, répondit Rosa d'une voix brève, rien du tout... Le soleil m'éblouit ; mais ce Savoyard, le vois-tu ? »

Madame de Senne le voyait. D'un air gaiement intrépide, poussant de droite et de gauche, marmotte en tête, il se faisait une route jusqu'à la voiture, et guidait vers elle un petit camarade pour l'associer à sa bonne fortune.

Il y avait en effet quelque chose de singulier dans l'aspect de l'enfant qui s'avançait alors sur ses jambes chancelantes.

Madame de Senne, dont les élancements de cœur avaient été tant de milliers de fois refoulés, secoua tristement la tête ; mais encore ne pouvait-elle s'empêcher d'observer fixement cette petite ombre qui traversait le soleil et se laissait comme traîner vers sa pitié. Par un mouvement aussi prompt qu'impossible à réprimer, la poignée de cuivre céda sous la pression violente de ses deux mains, et la portière s'ouvrit.

« C'est la dame qui donne, » dit le Savoyard au petit malheureux qu'elle parcourait de tous les yeux de son âme. Alors, l'enfant qui s'était laissé conduire en silence, élevant des bouquets de violettes qu'il tenait dans sa main, dit faiblement :

« N'en faites pas de refus... »

Rosa cria au secours et retomba suffoquée en arrière. Déjà l'enfant était dans la voiture.

« Madame veut donc descendre ? » demanda le cocher qui veillait à pied sur ses chevaux, et tout étonné de voir le petit délabré admis dans son carrosse.

L'enfant, immobile, se sentant pressé par des mains inconnues, au milieu du bruit assourdissant des boulevards, redit encore une fois patiemment :

« N'en faites pas de refus ! »

Madame de Senne était sans voix. Il se faisait un silence solennel dans cette femme, dont l'empressement sauvage écartait les débris d'un mouchoir qui cachait la couleur des cheveux du petit misérable.

« Mais, mon Dieu ! c'est mon enfant ! dit-elle tout à coup d'une voix forte; mais, mon Dieu ! c'est Michel ! »

L'enfant craintif baissa la tête.

« J'ai été Michel... je suis Jean, dit-il.

— Et ta sœur ?

— C'était Rosa...

— Et ta mère?

— Ma mère! ah! ma mère est morte... ma sœur et Zolg... tout le monde est mort, madame, et je vends des fleurs... N'en faites pas de refus!

— Monsieur, je me mets sous votre protection avec mes deux enfants, cria madame de Senne à un officier public, attiré par la clameur de Rosa devant la voiture arrêtée, tandis que les autres s'écoulaient librement; monsieur, Dieu vous ordonne de défendre cet enfant qui est le mien, monsieur... c'est le mien, vous voyez? » Et elle couvrait de baisers passionnés l'enfant pâle qui commençait à pleurer d'étonnement et de vagues réminiscences.

L'officier public regardait avec émotion cette scène sans pareille, ne sachant pas encore si la dame était hors de sens. Il est vrai qu'elle n'agissait plus avec le conseil de sa réflexion, mais par le secours de l'instinct naturel dont la raison ne demande aucun compte. Elle n'expliquait ni que ce fût là son enfant, ni qu'elle fût sa mère; mais elle le prouvait avec la force des entrailles qui remuait celles de toutes les femmes là présentes, et qu'elle prit à témoin.

« Oui, femmes! oui, mères! c'est mon enfant, je vous le dis!

— Oui, oui, c'est sa mère, certainement c'est sa mère!

— Ah! pardi! ça se voit...

— Prenez votre enfant, pauvre madame, prenez votre enfant, » crièrent-elles toutes à la fois, et toutes battant des mains, les yeux en larmes, se rangèrent pour les laisser passer.

Mais le petit Savoyard, enfonçant son bonnet sur ses yeux et tapant des pieds, mettait tout son entêtement montagnard à reprendre l'enfant, jurant qu'on le lui avait donné en garde, et qu'il en devait avoir soin comme de sa marmotte. L'officier l'enleva du marche-pied pour l'interroger à distance avec plus d'ordre qu'il n'en pouvait obtenir au milieu de tant de monde rassemblé. Rosa saisit ce moment pour détacher les petits bras maigres de Michel passés autour du corps de sa mère; car, par un mélange de peur et de joie, sans proférer une parole, il cachait ses sanglots sur la poitrine haletante dont il reconnaissait le souffle et la chaleur. Rosa, suppliante, conjura sa mère:

« Donne-le-moi donc un peu! Je suis sa

sœur enfin ! Qu'il me reconnaisse aussi, qu'il me dise bonjour !... »

Michel se retourna vers elle, mais il ne la regardait pas. Il étendait devant lui sa main indécise qui cherchait à l'atteindre, quand Rosa, d'un cri déchirant, brisa le bonheur de sa mère.

« Il ne nous voit pas, dit-elle ; regarde ses yeux, regarde... Il est aveugle ! »

Et madame de Senne crut mourir parce que c'était vrai. Pourtant le regard qu'elle lança vers le ciel, s'il fut le plus triste, fut aussi le plus tendre que Dieu ait jamais vu ; Dieu lui rendait Michel enfin ! Michel aveugle, Michel à peine vivant, c'était Michel.

En peu d'instants on eut atteint la rue de Jérusalem, cette rue morne redoutée des méchants, qui conduit à l'une des quatre portes du palais silencieux de la police.

Le Savoyard, dont la figure inaltérable de probité ne dénotait ni embarras ni peur, descendit du siége où on l'avait fait monter pour attester devant la justice ce qu'il venait de déclarer à un de ses agents. « Je suis Savoyard, avait-il dit bruyamment au cocher qui l'interrompait en vain d'un insouciant : — Veux-tu te taire ! — Je suis Savoyard ! il faut que je ramène le petit au patron qui me l'a confié jusqu'au soir. »

Le roulement de la voiture avait fini par calmer son émotion, et quand on arrêta sous l'arche noire de la cour, il causait amicalement avec sa marmotte.

Madame de Senne pénétra de nouveau sous ces longues voûtes. Un sentiment au-dessus de la terre l'animait. Les corridors déserts lui semblaient remplis de protection, et leur silence n'était plus la mort. Cette espèce de saint chuchotement remplissait ses oreilles : « Crois et supporte. » Elle eût juré que dans chaque angle sombre elle voyait briller Jésus-Christ, et que le faible écho des voûtes était le frôlement de ses pas divins.

L'interrogatoire que subit l'enfant ne laissa nul doute sur son identité avec celui que l'on cherchait depuis un an. Sa mutilation, racontée avec la candeur de cet âge, fit plusieurs fois courir un frissonnement d'horreur parmi les témoins. Il fut légalement restitué à sa mère, qui le serrait si fortement contre elle avec Rosa, que ce groupe ne semblait plus faire qu'une seule personne.

La justice humaine poursuivit son devoir : celle d'en haut l'avait prévenue.

Les détails que l'on doit aux enfants qui se sont attristés avec nous sur Michel, sont trop longs pour trouver place ici. Nous le suivrons seulement encore jusqu'aux Champs-Élysées, afin de le ramener où nous l'avons vu pour la première fois.

Arrivée à la porte de sa maison, la veuve, qui n'avait pas succombé aux commotions de cette journée, voulut en épargner la première violence au vieux Zolg et à sa pauvre nourrice. Rosa se chargea courageusement de les préparer à cette grande secousse, et s'armant d'une résolution forte, elle tâcha de sonner modérément ; mais que d'âme et de trouble dans ce seul coup de sonnette ! Zolg resta interdit en la voyant revenir sans sa maîtresse.

« Maman ne veut pas que tu descendes, dit-elle en posant un doigt sur ses lèvres. Maman te le défend. Ne sois donc pas inquiet comme cela ! Il y avait trop de monde pour passer à la barrière, et nous voilà, parce que... parce que... » Mais s'appuyant sur l'épaule de Marguerite, et voulant poursuivre, elle fondit en larmes.

Tout alla donc comme Dieu voulut : Zolg

n'en faillit pas moins tomber à la renverse en reconnaissant d'en haut son petit maître qui montait l'escalier à tâtons guidé par sa mère. Mais l'agitation de ses membres ne l'empêcha pas de courir et d'enlever Michel en triomphe.

« C'est moi ! murmura l'enfant aux bras du vieillard, le reconnaissant dès les premières paroles accentuées d'allemand qui rentrèrent dans ses jeunes oreilles. Je reviens ! » et il mit sa joue contre la sienne. A cette voix, Marguerite oubliant sa paralysie, fit plusieurs pas vers la porte et se signa. Les voilà réunis ! Avec quel saint tremblement la mère délivre son fils de ses lambeaux et le lave longtemps d'une eau tiède et parfumée ! Comme les petites mains de l'enfant se promènent avec curiosité sur chaque vêtement, sur chaque objet qui lui retracent la maison primitive ! Tour à tour inquiet, silencieux et pensif, comme sa mémoire rentre heureuse et rapide dans le cercle de ses premières impressions !

Qui racontera la solennité douloureuse du premier repas de cette famille complétée ? qui dira le courage qu'il fallut à tous pour taire leurs sanglots, tandis que Michel, sans clarté, ne les regardait qu'à travers son sourire, attendant la nourriture de leurs mains comme le faible oiseau l'attend au bord du nid?

L'extrême chaleur de la saison fit qu'après le repas on ouvrit les fenêtres. Au milieu des soins d'intérieur, qu'il n'interrompait d'aucun mouvement, Michel tendit l'oreille et se colora d'une rougeur progressive; il avait entendu le bêlement des chèvres; sur quoi, pointant son doigt du côté d'où le bruit arrivait, tandis que sa poitrine se gonflait de plaisir, il ne put articuler que bien bas cette nouvelle preuve de sa mémoire : « Voilà Nanine! — Allons voir Nanine, » repartit Zolg en le descendant joyeux dans ses bras.

« Toi, tu la verras; moi, je la toucherai, » dit Michel. Sa mère, percée au cœur de ce mot simple et triste, le suivit avec Rosa jusqu'à la porte de l'étable, d'où l'on fit sortir les chèvres. L'une courut aux branches de la haie, l'autre au seuil fermé par un grillage; la troisième grimpa contre la vigne qui pendait au mur; mais Nanine poussa un bêlement sauvage qui fit tressaillir l'enfant de peur et de joie. Sans qu'il fût besoin de l'appeler, elle bondit au devant de lui, mettant sa tête chevelue sous le nez de son nourrisson, qui l'étreignit et la baisa longtemps.

Madame de Senne ne put jamais affirmer que le jour de la naissance de Michel eût inondé son cœur d'une vie aussi profonde que le moment où, à la lueur d'une lampe, elle le regarda couché dans son petit lit blanc, près de s'endormir entre elle et Rosa. Elle fut obligée de s'appuyer contre un meuble, parce que ses genoux pliaient, quand Rosa, lui ayant fait un signe d'intelligence, se pencha sur le front de Michel et lui dit :

Mon cœur est si tendre...

— Que Dieu peut le prendre !

continua l'enfant ;

N'en faites, mon Dieu, dédain ni refus ;
Vous le garderez pour l'enfant Jésus !

Après quoi étendant ses petits bras fervents, il se dit à lui-même :

« Ah ! mon Dieu ! que je suis bien ! »

Rose se pencha sur le front de Michel et lui dit;
Mon cœur est si tendre.
Que Dieu peut le prendre.

LE PETIT MÉCONTENT.

— Mère ! je veux crier et faire un grand tapage.
Comment ! je ne peux pas tous les jours être sage ;
Non, mère, c'est trop long tous les jours, tous les jours !
Le monsieur l'a bien dit : « Rien ne dure toujours. »
Tant mieux ! je vais m'enfuir et crier comme George.
Qui m'en empêchera ?
     — Personne. A pleine gorge,
Vous pouvez, cher ami, vous donner ce régal.
Mais vous serez malade,
     — Oh ! cela m'est égal ;
George ne meurt jamais.
     — George afflige sa mère.
Un enfant mal appris est une joie amère.
— Je reviendrai t'aimer.
     — M'aimer sans m'obéir ?
Déserter son devoir, enfant, c'est le trahir.
Je crains, moi, qu'avant peu personne ne vous aime,
Et vous vous ferez peur tout seul avec vous-même.
— Non ! George n'a pas peur dans le cabinet noir.
Il dit que c'est tout brun comme quand c'est le soir,
Pas plus. Et puis il chante à travers la serrure,
Il se moque des grands, il fait le coq, il jure.
C'est brave de chanter sans lampe et sans flambeau !
Je veux être méchant pour voir.
     — Ce sera beau !

3.

—Je veux être grondé : gronde donc !
— Pourquoi faire ?
Vous me faites pitié.
— Je suis las de me taire.
J'ai cassé mon cheval ; j'ai mis de l'encre à tout ;
Regarde ma figure !
— Oui ; c'est laid jusqu'au bout.
Mais qui vous a donné ce faux air de courage ?
Hier encor, priant Dieu qu'il vous rendît bien sage,
Vous vouliez ressembler à notre vieux cousin.
— Je n'avais pas été chez le petit voisin.
Il bat des pieds très-bien quand on le contrarie ;
Il ne dit pas bonjour, même quand on l'en prie.
Ah ! ah ! c'est qu'on est fier d'être mis en prison !
— Beaucoup de grands enfants y perdent la raison.
Pour leurs mères surtout c'est une triste gloire !
Restez libre et soumis si vous voulez m'en croire.
Moi, je n'ai point de cage où mettre mon enfant ;
Pas même les oiseaux, le cœur me le défend.
Vous n'obtiendrez de moi ni prison ni colère,
Et j'attendrai, de loin, que le temps vous éclaire.
— De loin !
— Battez des pieds, poussez des cris affreux,
Devenez, comme George, un petit malheureux ;
Vous en aurez la honte au grand jour.
— Quelle honte ?
George rit ; je rirai !
— Nous voici loin de compte :
Si vous ne craignez pas de rougir devant Dieu,
Il faudra, mon enfant, bientôt nous dire adieu ;

A vivre sans honneur, moi, je ne puis prétendre,
Et si vous n'étiez plus ma gloire la plus tendre,
A la mère de George il faudrait ressembler?
—Oh! non, ressemble-toi!

      —Son sort me fait trembler :
Loin de la saluer, quand cette femme passe,
On se détourne d'elle, on lui fait de l'espace,
On va de porte en porte en chuchotant tout bas :
« Elle a gâté son fruit, ne la saluons pas! »
Le fruit accuse l'arbre ; et l'on juge, et le blâme
Tombera sur la mère, et non sur la jeune âme
Qu'elle a laissé corrompre. On est plein de rigueur !

— Que dit-on de la dame?

      —On dit qu'elle est sans cœur.
Voyez comme elle est triste au fond de sa faiblesse ;
Le monde la méprise et son enfant la blesse.
O mère humiliée en votre unique amour,
Je vous plaignis souvent : me plaindrez-vous un jour?

— Pardon !... je ne veux pas te voir humiliée.
Pardon ! pardon ! je veux que tu sois saluée.
Mère ! je serai bon comme le vieux cousin ;
Mère ! je n'irai plus chez le petit voisin !

La mère tressaillit dans une vive étreinte !
L'enfant ne cria plus ; il fut bon sans contrainte ;
Et quand on saluait cette mère en chemin,
Il rougissait de joie et lui serrait la main !

L'AVENIR D'UNE VIEILLE FEMME.

> Ma paix est pour ceux qui sont doux et sensibles de cœur.
> (*Imitation de Jésus-Christ.*)

Dis ta prière, bonne vieille :

L'orage gronde ce soir ; mais qu'importe que le vent parle plus haut que toi ; qu'importe que les vagues mugissantes de la mer s'élèvent au-dessus de ta plainte ; que les oiseaux troublés poussent leurs cris par dessous et par delà les nuages ; qu'importe que la lourde pluie amortisse les échos et les enroue au loin comme des tambours mouillés ?

Dis ta prière, bonne vieille :

Ni les vagues mugissantes, ni le vent, ni l'orage, ni le cri des oiseaux de nuit ne peuvent s'opposer au passage de ta voix ; la terre n'a point de murailles qui l'enferment ; le monde à découvert tourne devant Dieu comme un nid d'alcyons ; l'espace immense flotte à l'entour, et ta voix a des ailes qui savent leur route pour traverser l'espace ; prompte et pure, elle monte jusqu'à celui dont la pitié l'attire. Rien ne dérobe au Créateur le moindre murmure de cette terre peuplée de ses enfants à l'épreuve, les uns révoltés contre son amour, les autres suppliants devant sa justice. Toi, toujours suppliante, tu ne lui demandes l'abaissement de personne pour t'élever, mais la consolation de tous pour être consolée !

Dis ta prière, bonne vieille :

Ta prière est saine comme le filet d'eau qui sinue dans la mousse. On ne voit plus une fleur sur ta forme d'argile ; on n'en voit pas davantage sur le rocher que l'hiver dépouille et ternit. Tes cheveux blancs ne recouvrent aujourd'hui qu'un visage flétri par de longues années, par de longues peines aussi, bonne vieille ! Tes enfants t'ont laissée au coin de ton foyer sans feu ; ils ont dit : « Nous faisons comme les oiseaux qui veulent voir du pays et qui ne connaissent plus leur mère. » Toi, tu les connaissais toujours, toujours pour tes chers enfants, et tu les as regardés partir en laissant tomber tes pleurs sans révolte et sans bruit ; toute pareille à la mère des oiseaux, ton abandon ne s'est aigri d'aucun reproche ; tu as fait comme tu as pu, et tu as bien fait :

Tu as dit ta prière, bonne vieille :

Ta douleur résignée peut monter côte à côte avec le souhait d'une jeune vierge ; vos suppliques aborderont ensemble aux pieds du même juge et seront bien reçues. Que demande la jeune fille ? un fiancé fidèle. Que veut ton âme ruinée d'espérance pour toi-même ? elle sollicite à cette heure la grâce d'un prisonnier. Connais-tu la faute qu'il expie ? Non ; tu ne l'as vu que de loin à travers ses barreaux ; son image accablée te suit dans ta maison, et tu n'en détournes plus tes yeux humectés de tristesse. Pourquoi ne penses-tu qu'à ce pâle mourant, toi qui peux à peine t'agenouiller sous ton grand âge ? c'est que le cœur te reste, et qu'il ose dire à Dieu : « O Dieu ! que cet homme enchaîné tressaillerait d'une grande joie s'il entendait quelqu'un lui crier tout à coup : « Lève-toi pour sortir, voici la liberté ! »

Dis ta prière, bonne vieille :

Le Sauveur prête l'oreille à ceux qui le prient pour de chers coupables ; il t'aime de les aimer. Il reconnaît sous tes traits bruns et ridés l'un de ses anges qui s'ignore, car tu ne sais pas qu'une auréole est sur ta tête, et qu'elle donne de la lumière à cette nuit dont la lune est absente; mais l'œil du Seigneur voit briller son ange dans la poussière; il voit de même au fond du bahut sans cadenas que nul mets nourrissant, que nul fruit n'y demeure. Ce n'est pas pour toi cependant que ta voix s'efforce d'arriver jusqu'à lui; femme selon Dieu, oublieuse de toi-même ! demain le travail te donnera ton pain noir, ce pain qui, jour par jour, achève d'user tes vieilles dents. De même, tu le sais, l'avenir de la terre est usé pour toi; le lien de ta vie n'est plus qu'un fil de la Vierge flottant au vent d'automne. Une bise plus aiguë peut l'enlever, un coup d'aile d'oiseau peut le rompre, un doigt d'enfant le briser : tu n'as pas peur; vacillante et soumise dans ta sainte agonie, tu plies tes genoux à la porte de l'éternité; tu ne demandes des jours libres que pour l'homme jeune qu'on enferme !

Dis ta prière, bonne vieille :

Les passants te verront demain vivante sur ton seuil; ils te verront plus calme qu'une rentière, calculant le prix du grain de sa riche moisson. Va, la tienne s'amasse et t'attend; mais ailleurs, mais plus haut : nul grain n'y manquera. Si tu ne possèdes pas, tu crois, bien heureuse indigente; ta misère même a connu le bonheur de donner ; tu ne l'as dit à personne, mais quelqu'un l'a vu et s'en souvient :

Une fois, tes yeux qui vont s'affaiblissant, se reposaient durant quelques secondes d'avoir conduit, dès l'aube, l'aiguille laborieuse ; ton ouvrage répandu sur tes genoux plaidait devant toi-même pour toi, si vieille, bonne vieille ! à tes mains jointes sur la toile rude, au sourire tranquille de tes lèvres, on eût pensé que tu n'avais à demander au ciel que ce moment d'aise dont ta lassitude se faisait un dimanche ; et voilà qu'un jeune garçon, rôdeur des rues désertes, un enfant vagabond, sans piété de cœur, avait pris par ta rue isolée pour oublier l'école : arpentant et battant les murs chauds de soleil, il en mesurait la longueur avec ses bras étendus, puis il arrachait les branches pendantes qui couronnent les bâtisses de village. Sa mauvaise liberté fermentait et brûlait de mal faire ; mais quoi faire ?... Il te choisit pour divertir sa solitude ; l'ennui donne de mauvais conseils ; les chemins ont des pierres pour exciter l'adresse des enfants désœuvrés : la sienne fut prompte et rude ; il visa ton front nu, l'atteignit d'un caillou, et le caillou roula sanglant sur ton ouvrage. Tu tressaillis d'angoisse, pauvre femme étonnée, sans quitter toutefois ton calme souhaitable; tes yeux toujours s'affaiblissant suivirent d'un long regard pour unique plainte, ton bourreau jeune et fier; lui fuyait comme le vent, redoutant le cri de ta colère, de ta douleur aussi peut-être, car il sentit que la pierre avait frappé raide et qu'il était fort! La colère ne te vint pas, et ta douleur ne put que balbutier : « O les enfants! les enfants!... mais s'ils étaient tous bons, Dieu! ce serait trop beau! » Il n'en fut pas autre chose.

Qui donc attira le lendemain le coupable devant ta chaumière, non plus pour y lancer des cailloux, mais pour regarder curieusement le bandeau qui serrait ta tête humble et pâle? On ne sait s'il eut honte, mais il baissa la vue et ne siffla pas en rentrant chez sa mère.

Une autre fois, c'était un jour de fête : la flûte perçait l'air bleu. Toute seule, comme toujours, tu songeais sur ta porte. A te voir immobile, on eût dit que ton âme était allée se promener dans les fêtes du passé, aux chemins verdoyants d'un autre âge, tout bordés de visions innocentes. Tandis que l'on dansait au loin, une petite fille élancée, pliante comme une rose, parut devant toi; elle ressemblait au rêve des mères, car il frôla ton cœur, et tu fis doucement signe à ce rêve blond d'approcher. Ton festin du jour saint brillait sur une nappe grise; c'était dix cerises mûres, et la petite passante eut les quatre plus belles, se tenant deux par deux, pour des pendants d'oreilles. L'innocente rougit de surprise et partit, faisant remuer sa petite robe en marchant, puis elle s'arrêta droite devant la Vierge du carrefour, afin de l'honorer de ses cerises et de ses doux yeux contents. Tu demeuras contente comme l'enfant; plus pensive toutefois, élevant à la Vierge un soupir d'amour triste.

Et tu commenças ta prière, bonne vieille :

Sur la brune, à son tour, un pauvre passa, qui cheminait soucieux. Il n'avait pas mangé de tout le jour, et ce long jour de fête commençait à finir. Il était tard pour l'aumône; mais tu veillais au bord du soir comme la lampe du Seigneur, et tu avais gagné la veille un pain frais tout entier. Le pain s'en alla sur la tête du pauvre tandis que tu restais sans rien dans ton armoire. Cependant, qui saura jamais si le plus doux sourire de ta jeunesse fut plus beau que celui qui passa dans tes yeux en regardant

glisser sous les arbres le mendiant rassasié?
Ton travail venait de l'enrichir et tu te crus
bénie; tu ne l'as pas cru seule; la meilleure
des brises de l'été se fit plus prompte pour effleurer ton front, et le baisa! Le soleil enflammé
qui descendait rapide derrière les hautes montagnes te regarda fixement de toute sa lueur
rouge, et sembla dire : Je t'aime! La nature
harmonieuse qui chantait son hymne au sommeil, chanta pour toi : « Dors bien, dors bien,
toi qui vivras toujours, toi que Dieu reprendra
dans son jour éternel! » Puis l'hymne en s'apaisant t'enveloppa d'un bonsoir parfumé,
ce bonsoir sans frayeur qui donne le sommeil
aux honnêtes gens.

Achève donc ta prière, bonne vieille :

Elle a calmé l'orage, douce comme l'oraison
des fleurs que le chant du rossignol accompagne; et à cette heure, dors bien! Ton avenir
approche, pareil à l'aube d'une vie nouvelle.
En ta faveur, demain, un pauvre sera consolé;
une petite fille radieuse fera son sourire à la
Vierge ; demain, enfin, une clef bruyante forcera la rouille d'une grille de prison, un guichetier sifflera la cantate de délivrance, des
juges auront signé la grâce d'un prisonnier,

l'ayant vu dans leur songe tel que tu viens d'en parler à Dieu; cette larme qui tremble encore aux cils de ta paupière aura purifié l'air épais d'un cachot dont la porte s'ouvrira toute grande à tes paroles mêmes retombées du ciel : « Lève-toi pour sortir ; voici la liberté ! »

Oh ! tu as bien dit ta prière ; vraiment, tu as bien dit ta prière !

LA GRANDE PETITE FILLE.

Maman ! comme on grandit vite :
Je suis grande, j'ai cinq ans.
Eh bien ! quand j'étais petite,
J'enviais toujours les grands !

Toujours, toujours à mon frère,
S'il venait me secourir,
Même quand j'étais par terre,
Je disais : « Je veux courir ! »

Ah ! c'était si souhaitable
De gravir les escaliers.
A présent je dîne à table,
Je danse avec mes souliers.

Et ma cousine Mignonne,
A qui j'apprends à parler,
Du haut des bras de sa bonne,
Boude en me voyant aller,

Pauvre enfant ! qu'elle est gentille
Quand elle pleure après moi !
J'en fais ma petite fille ;
Je la baise comme toi,

Lorsque, me voyant méchante,
Tu chantais pour me calmer ;
Je la calme aussi, je chante
Pour la forcer de m'aimer.

Et puis, maman, je suis forte ;
Bon pápa te le dira.
Son grand fauteuil à la porte,
Sais-tu qui le roulera ?

Moi ! c'est sur moi qu'il s'appuie
Quand son pied le fait souffrir ;
C'est moi qui le désennuie
Quand il dit : « Viens me guérir ! »

O maman, je te regarde
Pour apprendre mon devoir,
Et c'est doux d'y prendre garde,
Puisque je n'ai qu'à te voir.

Quand j'aurai de la mémoire,
C'est moi qui tiendrai la clé,
Veux-tu, de la grand armoire
Où le linge est empilé ?

Nous la polirons nous-mêmes
De cire à la bonne odeur ;
O maman ! pour que tu m'aimes,
Je suis sage avec ardeur !

Nous ferons l'aumône ensemble,
Quand tes chers pauvres viendront ;
Un jour, si je te ressemble,
Maman, comme ils m'aimeront !

Je sais ce que tu vas dire ;
Tous tes mots je m'en souviens ;
Là !... j'entends que ton sourire
Dit : « Viens m'embrasser... » Je viens !

LA ROYAUTÉ D'UN JOUR.

LE SACRE EN FAMILLE.

Trois jours après Noël, une ville de Flandre sonnait la fête des Innocents ; l'église paroissiale de Notre-Dame du Calvaire laissait tomber du haut de son clocher le réveil-matin d'un grand nombre d'enfants. Or il faut savoir que dans quelques villes de la bonne Flandre où les enfants sont si heureux, l'usage existait (peut-être existe-t-il encore) de leur donner pendant un jour tout entier de l'année, le gouvernement de la maison paternelle. Ce jour-là le dernier né commande en maître ; l'ordre des repas, les invitations, les plaisirs, tout le concerne ; on n'obéit qu'à lui comme à un roi nouvellement élu par l'amour de son peuple. Le petit monarque flamand, ravi de sa transformation, ordonne avec douceur, tend cordialement la main à ses sujets, leur donne des brioches ou bien tout ce qui est à la portée de la fortune de la famille ; il remercie quand il est servi ponctuellement ; il remercie même quand il est sincèrement averti de l'impossibilité où l'on se trouve de condescendre à ses caprices, et il est rare qu'il ait des caprices. Tel est ce règne de douze heures institué en mémoire du jour déplorable où les Innocents furent massacrés dans la Judée par ordre du méchant roi Hérode. Un historien raconte que des mères, pleurant au récit de la terrible annale, convinrent entre elles de rendre ce jour-là leurs enfants plus heureux que tous les autres jours. Il faut avouer que si le bonheur est dans la jouissance, ces rois enfantins n'ont rien à souhaiter dans le cours de leur règne éphémère.

Trois jours donc après Noël, les cloches carillonnaient la fête attendue ardemment par bien des petits bourgeois ; on devinait sans voir, que l'aube allait bientôt paraître. Les portes de la ville s'ouvraient bruyamment aux quatre coins des remparts. Ces portes à pont-levis de la cité frontière étaient, disait-on, fermées chaque soir pour empêcher les loups d'entrer ; mais on ne faisait plus accroire cela qu'aux très-petits enfants, afin qu'ils se gardassent de crier au lieu de dormir.

Et l'on entendait accourir au loin les laitières sur leurs ânes, les voitures chargées de blé, de fruits et de beurre, les agneaux bêlants, les poules vivantes caquetant dans les paniers à jour des paysannes matinales, et les enfants entr'ouvraient leurs yeux plus tôt qu'à l'ordinaire dans l'attente d'un grand événement.

Agnès Aldenhoff se sentit alors doucement enlever de son lit d'osier; c'était l'aïeule vigilante qui réveillait Agnès dont elle venait proclamer la puissance à toute la famille déjà rassemblée et debout.

L'enfant, encore sous l'influence du sommeil, fut prise d'un doux saisissement. Elle ne distinguait qu'à demi son père qui souriait, sa jeune mère, plus blanche et plus belle dans ses simples atours de nuit, ses sœurs ouvrant les armoires d'un air empressé, tandis que son frère, accroupi devant le poêle rouge et ronflant, regardait de tous ses yeux, ne voulant rien perdre d'un tel spectacle ni de la surprise d'Agnès. Il avait eu les mêmes honneurs trois ans auparavant, et cette solennité renouvelée était déjà son jadis. Toutes ces figures aimées s'agitant dans la demi-teinte pour l'avénement d'Agnès formaient devant elle un tableau mouvant qui la charmait. Les enfants jugeront si les anges, quand ils rentrent au paradis pour y reprendre leurs ailes, sont plus heureux; dans ce cas ils le sont infiniment, et cela fait penser que l'innocence est une chose adorable.

Après qu'Agnès eut été embrassée, reconnue souveraine de la maison, elle fut lavée avec de l'eau tiédie au foyer que l'on avait alimenté pour elle durant toute la nuit. On mêla de bonnes senteurs à cette ablution; la mère y consacrait pieusement un reste d'essence de bergamote cachée dans ses parures de mariage parmi les dragées des quatre baptêmes de ses enfants. Ces richesses du ménage étaient enfermées dans un coffre de bois de Sainte-Lucie, et de ce coffre à clous de cuivre, luisant comme l'or, sortait l'odeur suave des églises dans les grandes célébrations.

Sitôt que les cheveux charmants d'Agnès furent peignés, lustrés, séparés sur le front, puis rendus à leur nature ondoyante, elle se laissa revêtir, en tremblant de joie, des habits de sa grand'-mère, qui la regardait et l'embrassait à chaque épingle qu'elle attachait sur elle.

Pour bien comprendre cette cérémonie il faut se ressouvenir que quand la souveraineté de l'innocence est déclarée par le plus âgé du logis, père, mère, frères, sœurs, servantes viennent au pied de son lit la saluer comme on venait de saluer Agnès; enfin la tradition veut qu'elle soit revêtue, dans toute la splendeur possible, des habillements du chef de la famille pour le représenter devant les amis, les parents et les étrangers.

Agnès se tenait ferme sous l'ample jupe de camelot noir brillant, raccourcie à sa taille au moyen de grands plis que l'aïeule avait faufilés la veille. Le corsage à basques gothiques la couvrait tout entière; elle ne pouvait bouger; mais qu'elle était contente et qu'elle était jolie coiffée du large bonnet de linon à tuyaux raides qui entourait sa figure mignonne! Sa joie fut encore rehaussée d'une belle faille en soie de grenade, qui ne se déployait sur la tête de l'aïeule, à la manière des saintes femmes, que dans les grandes fêtes.

L'émotion qu'apportait cette mère toute grave aux apprêts du règne de sa petite fille, remplissait l'enfant d'une gratitude si grande que quand Agnès devint une femme, elle l'en remerciait encore au fond de son cœur.

Alors la plus jeune des deux mères, qui s'appelait Catherine, dit tout bas à l'autre : « Quel dommage de n'avoir plus nos belles dentelles pour un si grand jour !

— Puisque c'est la volonté de Dieu, Catherine ! D'ailleurs, les anges n'ont pas besoin de dentelles pour lui plaire. »

En répondant ainsi et prenant l'innocente entre ses genoux, l'aïeule fit pendre à sa ceinture le trousseau de clefs qu'elle détacha de la sienne, plus, des ciseaux, enfermés dans leur étui pour qu'ils ne fussent pas dangereux à qui les portait ; elle y ajouta même une pelotte rouge en forme de cœur, faite par les dames ursulines ; la toilette achevée elle se retourna vers le père d'Agnès et dit : Parlez, Félix !

Alors le père parla ainsi :

« Ma fille ! vous allez occuper, durant douze heures d'horloge, le rang de celle que nous respectons le plus au monde, c'est-à-dire de ma mère qui est votre grand'mère : on aura donc pour vous l'obéissance due à celle qui représente ici la mère de Dieu. Ressouvenez-vous toute votre vie, Agnès, des honneurs qui vous auront été rendus le jour où vous passiez pour elle ; c'est à tous ceux ici présents de vous intruire des respects qu'une bonne mère a le droit d'attendre de ses enfants ; allez !

—Je vous donne ma bénédiction, Félix, » répondit la grand'mère en serrant la main de son fils. Il y avait beaucoup d'émotion dans les regards et dans les cœurs.

Tous se rassemblèrent autour d'un humble déjeuner qu'Agnès oublia de souhaiter plus somptueux. Le lait fut servi dans le poêlon de cuivre étincelant, puis le cacao bouilli, humble café des familles modestes, prit place à côté de la pomme de terre dorée au four du poêle. Ce repas embaumait d'une fumée nourrissante. Ce n'était pas splendide, mais sain, comme tout ce qui est savoureux et propre.

« Mangez, mes enfants ; c'est tout ! » dit la grand'mère en jetant un coup d'œil significatif à M. Aldenhoff. Il la comprit trop bien, car il se hâta de sortir par la ville afin de recueillir l'argent des travaux de plusieurs mois ; cet honnête bourgeois était peintre et doreur. Ensuite chacun se dispersa pour vaquer aux soins habituels des jours ouvrables ; les sœurs aînées s'en allèrent aux écoles ; le frère plus rapproché de l'âge d'Agnès fut, cette fois-là, dispensé de la sienne. En voyant sortir ses sœurs avec leurs

4.

cahiers d'écriture et le panier d'école au bras, Agnès eut le cœur gros. Elle dit que ce n'était donc pas une fête puisque tout le monde s'en allait comme aux jours de peine. Ses sœurs, qui en savaient plus qu'elle, l'embrassèrent pour la consoler, et, de convention avec leur mère, lui répondirent que la fête en famille étant pour le soir, elle n'avait qu'à les y inviter : Agnès les invita, ordonnant que ce fût de bonne heure, en les retenant encore par la main, ne se décidant qu'à regret à être heureuse sans elles. Son frère Just ayant congé pour initier Agnès à ses droits qu'elle ignorait, demeuré seul avec elle, l'instruisit dans ces termes :

LES DROITS RÉGALIENS.

« Tu diras toujours : Je commande ! Tu commanderas un repas magnifique dans la chambre rouge qui est gaie avec un grand feu; tu voudras des musiciens pour faire danser la compagnie qui te plaira le plus (il la désigna lui-même); tu ordonneras du vin rosé et du vin blanc qu'on ne voit plus jamais sur la table ; tu sais que j'aime le vin blanc et le vin rosé ! N'oublie pas un carrosse pour aller à la comédie voir *Zémire et Azor*, que j'ai vu le jour de mon règne ; j'irai avec toi. Commande aussi un cochon de lait pour souper quand nous reviendrons ; j'aime le cochon de lait, et tu l'aimeras beaucoup. Il faut toujours dire : J'ordonne ! Je veux ! Je commande ! car tu es ma grand'mère. »

Agnès fit à son frère l'observation que sa grand'mère ne parlait jamais ainsi.

« N'importe ! elle en a le droit, dit Just, et il faut le prendre. Songe donc que tu n'as qu'un jour de souveraineté. »

La leçon finie, Agnès émerveillée courut aussi vite que le lui permettait sa longue jupe et sa faille, commander le festin composé par son frère. Quand sa mémoire chancelait, Just lui soufflait le mot à l'oreille et la redressait sur son trône.

« Grand'mère, dit-elle en embrassant l'aïeule, je commande un grand feu dans la chambre rouge ; j'invite quatre amis à table. Il faut les servir en argenterie, que l'on ne voit plus jamais dans l'armoire... — Vin rose, vin rouge et vin blanc, souffla le frère, je l'ordonne ! — Vin rose, vin rouge et vin blanc, ma grand'mère, je l'ordonne, s'il vous plaît ! et le festin magnifique, et des musiciens pour faire danser la compagnie.

— Un carrosse pour aller voir *Zémire et Azor*...

— Un carrosse pour aller voir... Moi, je veux voir mon oncle Jean, poursuivit Agnès d'une voix pleurante ; il faut réconcilier mon oncle Jean avec mon père. O ma grand'mère ! qu'il vienne se réjouir avec nous ; je le commande, s'il vous plaît ! »

La grand'mère écoutait avec un singulier sourire, elle ne faisait pas un mouvement pour l'exécution des ordres d'Agnès, et continuait de filer assidûment comme toujours ; son visage, épanoui le matin par un moment de bonheur qui lui en rappelait tant d'autres, était redevenu sérieux et plus réfléchi que d'habitude.

Agnès, après avoir consulté des yeux son frère, afin de s'encourager à un grand coup d'état, toussa pour éclaircir sa voix, et déclara qu'elle voulait des beignets pour tout le monde. « Comment les aimes-tu, mon frère ? aux pommes ou à la crème ?

— Je les aime chauds et sur la table, » dit Just.

Cette réponse déconcerta la grand'mère, qui

n'avait pas de quoi les servir au goût de Just ; elle les promit ainsi pour plus tard.

« Je les aime moins comme cela, » repartit Just, qui était d'une concision étonnante ; puis il tira sa sœur par sa faille, et lui marmotta de nouveau le programme. Agnès le hasarda plus timidement ; mais quand elle revint à ces mots : « Je veux du vin rosé, je veux de l'argenterie qu'on ne voit plus jamais sur la table ni dans l'armoire...

— J'entends, j'entends, répondit l'aïeule à voix basse, en regardant Just avec un doux reproche ; tu nous fais des innocents bien ambitieux, toi ? Je croyais que cette bonne petite reine venait me demander du lin pour apprendre à filer : j'étais prête. »

Il y eut un silence interrompu seulement par le rouet plus actif, malgré la fête ; puis madame Catherine entra, qui, d'une manière inquiète, causa longuement tout bas avec sa belle-mère. Le bruit aigre du rouet, qui allait toujours, ne permit pas aux enfants d'entendre une parole de l'entretien ; mais ils se tinrent pour dit que leurs ordres allaient être exécutés sans faute, et leur joie était extrême. Retirés dans un coin de la chambre par respect pour les mères qui parlaient avec action, ils attendaient, pleins d'espoir, quand leur père Félix apparut au seuil d'une longue allée donnant en dehors du logis ; sa femme, empressée, courut le joindre, tandis qu'Agnès et Just se livrèrent à de nouveaux plans agréables pour cette journée, qui leur semblait ne devoir pas finir. Pourtant midi sonnait : l'heure où l'on dîne en Flandre approchait, et l'estomac d'Agnès sentait qu'il manquait un corps à ses rêves. La grand'mère le devinait sans doute, et se leva troublée comme une femme qui oublie toutes choses. Tandis qu'elle concentrait ses regards sur sa chère petite associée, Just se haussa jusqu'à son oreille, à quoi elle répondit :

« C'est vrai ! tu as bien la mémoire de ton âge. » Alors, une belle poire sortit du buffet d'ébène peint au dedans couleur d'azur; cette poire y mûrissait lentement, consacrée à ce jour de fête.

« Vous me la donnez pour toujours, grand'mère, » dit l'enfant. La mère l'en assura. Alors, se retournant vers Just : « Si tu as de l'amitié pour moi, mon frère, coupe la poire en deux, et manges-en la moitié, je l'ordonne ! » Just, la saluant profondément, répondit : « J'ai de l'amitié pour toi! » et mangea la moitié de la poire; bon Just!

« Tu ne la gardes pas tout entière, petite souveraine? dit l'aïeule.

— Non, grand'mère, la moitié est meilleure.

— Pourquoi donc cela?

— Parce que mon frère mange l'autre et que nous sommes contents à deux.

— Tu calcules déjà bien, Agnès, et tu ne ferais pas une méchante reine. »

LE LOYER DE NOEL.

Sur ces propos, le père rentra suivi de sa femme et s'assit de l'air harassé d'un homme qui a longtemps couru. Il semblait toutefois plus consterné que las, tandis que sa femme, restée droite près de lui, prit sa main, disant: « Vous avez frappé à toutes les portes, Félix; maintenant, que la volonté de Dieu soit faite. »

La grand'mère interrompit vivement sa fille dont la voix altérée inquiétait les enfants, et pour faire prendre un autre cours à leurs idées, elle aventura ces paroles :

« Vous ne savez pas, ma fille, ce que vient d'ordonner Agnès pour les festins du jour?

— Hélas! non, ma mère, » répondit dame

Catherine en s'efforçant de surmonter une grande peine. Le récit fut fait des souhaits d'Agnès, tandis que Just regardait avec confiance l'effet qu'ils allaient produire.

« Qu'en dites-vous ? » résuma l'aïeule.

Madame Aldenhoff tourna tristement les yeux vers son mari, et, pour cacher son trouble, se pencha sur Agnès qu'elle embrassa plusieurs fois.

« Chère innocente ! il faut qu'elle attende et qu'elle espère, lui conseilla-t-elle d'une voix plus serrée ; on fera tout ce qu'on pourra. Cassez ces deux œufs frais, ma mère, ils viennent du village de Sin ; mettez-les au beurre noir, comme vous les aimez ; il y en aura un entier pour Agnès ; c'est là tout ce que nous possédons en ce moment, notre reine ! »

Par malheur elle ne put retenir le sanglot qui fit partir un cri effrayé de la bouche ouverte d'Agnès. Le maître du logis se promenait avec agitation ; Just ne savait plus que penser du présent si différent de son passé.

« Voilà ce qu'il ne fallait pas dire, murmura l'aïeule plus maîtresse d'elle-même ; mais puisque vous ne pouvez cacher vos douleurs, ma fille, essayez du moins d'en sortir ; j'ai à vous dire qu'Agnès a le droit, tout le jour, d'aller demander un délai pour vos loyers que l'on réclame. Les innocents peuvent aller frapper jusqu'au soir chez le riche, et, du ton royal de l'enfant Jésus, dire : Nous venons de la part du Sauveur ; soyez humain, c'est lui qui vous le commande ; c'est un innocent qui vous le conseille !... et nous verrons alors si monsieur Duhein aura le cœur de repousser Agnès.

— Mais, ma mère, c'est demander l'aumône, cela ! repartit son fils exaspéré, et c'est la demander à une pierre : j'aime mieux aller en prison ! » A ce mot terrible, la reine Agnès poussa décidément les grands cris.

Madame Aldenhoff pleurait sur une assignation qu'elle venait de déchiffrer. Just se précipita sur la poitrine de son père, et s'attachant à son gilet, comme pour l'empêcher d'aller en prison, cria tout hurlant: «Non ! non ! non !

—Eh bien, non, eh bien, non, mon garçon ! on tâchera, on verra... Allons, la paix ! vous êtes de bons petits enfants, et Dieu vous bénira. »

Un silence s'établit dans cet intérieur désolé. Ce fut Agnès qui le rompit tout à coup, en apportant à son père un petit papier soigneusement plié, qu'elle venait de tirer de son armoire.

La pauvre enfant croyait posséder beaucoup et l'offrait de toute son âme pour sauver sa famille.

« Qu'est-ce donc que vous me donnez, Agnès?

— Ma lettre de change, répliqua-t-elle avec conviction.

M. Aldenhoff parcourut, sans la comprendre d'abord, cette lettre de change ainsi conçue :

« Par cette lettre de change et à vue, je payerai
» à mademoiselle Agnès Aldenhoff la somme de
» deux patars de Brabant, valeur reçue en
» obéissance, ourlets bien faits et jarretières de
» laine tricotées proprement.

» Ce · 1790.

» Jean Aldenhoff. »

C'était en effet l'oncle Jean qui, peu de temps avant sa rupture avec son frère, délivrait chaque samedi ces valeurs à ses neveux quand ils avaient contenté leurs parents durant la semaine. De tels billets n'avaient point cours dans le commerce, mais ils donnaient une habitude d'ordre aux enfants, qui n'en devenaient pas pour cela plus intéressés ; seulement ils s'accoutumaient de bonne heure à penser que la richesse du pauvre est inséparable du travail et d'une conduite régulière.

L'aïeule ne manqua pas de s'apercevoir que les yeux de son fils avaient peine à se détacher de la signature de Jean Aldenhoff; aussi dès qu'il eut rendu doucement à sa fille le papier, en disant qu'il en faudrait quatre mille fois davantage, la grand'mère s'efforça de parler comme on fait quand on cause raisonnablement sur la morale ; mais l'altération de sa voix, étranglée au fond de sa gorge, décelait le choc intérieur qui venait de bouleverser sa sainte résignation. Quoi qu'il en fût et regardant son fils de ses grands yeux vrais, elle poursuivit :

« Tout à l'heure vous parliez d'aumône, et vous êtes devenu pâle comme si je vous conseillais une mauvaise action, moi, votre mère! Vos fiertés me feraient sourire, Félix, si vous n'aviez pas tant de chagrin et un courage admirable. »

Le fils voulut respectueusement l'interrompre, elle continua : « N'ayez pas peur! je ne vous ordonne plus rien; mon temps est passé. Vous êtes maintenant chef de famille et devenu comme un père pour moi. Vous l'avez été de vos frères, et vous êtes tout à fait un honnête homme! De plus, vous m'avez trop bien obéi enfant pour que je ne sache pas vous obéir à mon tour, moi qui suis très-vieille aujourd'hui, ô mon fils ! Vous ne m'avez pas laissée à la maladie et à l'abandon ; j'ai donc de quoi vous bénir éternellement. Aussi les coups qui vous frappent me traversent le cœur, je suis comme cela ; mais l'aumône... Eh ! Félix, les bons pauvres ne sont-ils pas les bien-aimés de Dieu ? Pensez-vous que je ne salue pas avec plus de respect ceux qui viennent à nous chaque samedis, que les gros rentiers passant carrément par les rues, vêtus de manteaux de fine ratine doublés d'écarlate ?

» D'autre part, s'il est honteux de recevoir l'aumône, et glorieux de la faire, soyez glorieux, et que vos nobles pratiques rougissent, car vous leur faites, depuis un an, l'aumône de votre travail, dont ils n'acquittent pas les mémoires. Vraiment ! ils se promènent à crédit dans leurs voitures, que vous avez peintes et blasonnées ; ils laissent moisir, sous ces brillantes enseignes, le pain que vos sueurs ont semé pour vos enfants ; c'est donc vous qui faites l'aumône à leur avarice et à leur vanité : voilà tout ; maintenant, je ne dirai plus rien. »

Durant ce discours, Just regardait par terre

comme s'il y voyait les débris de tous ses châteaux écroulés.

M. Aldenhoff répondit que tout cela était bien triste un jour de fête ; à quoi la mère repartit :

« Ceux qui pleurent les jours de fête seront consolés, mon fils. Les meilleurs fruits sont âpres avant de mûrir. Comprenez-vous cela, ma petite-fille ?

— Ah ! oui, bonne grand'mère ! repartit Agnès toute vague et ne comprenant pas tout à fait.

— Mais n'importe, observa l'aïeule ; les enfants peuvent entendre avant de comprendre. Les graves propos des mères reviennent plus tard à l'esprit de ces petits chrétiens, et ce sera des lumières dans leurs peines. A soixante ans de distance, la voix de ma mère est encore aussi près de mon oreille que si ma mère elle-même était là, et je vous rends souvent ses propres paroles.

— Parlez ! parlez ma mère, dit madame Aldenhoff, qui l'écoutait avidement. En ouvrant son cœur les uns aux autres, on se console et l'on s'appuie.

— Vous êtes une si bonne fille, ma fille ! Je

rends la même justice à votre mari : il n'a pas, Dieu merci, la manie étouffante de bien des hommes, d'imposer silence à leurs femmes dès qu'elles parlent ménage, sous prétexte qu'il faut qu'un homme se réjouisse en rentrant au logis, et que les détails de l'économie d'une maison chassent le rire et enlaidissent la femme. Jour du ciel! il en irait mieux dans les ménages sans ces dangereux silences entre époux, qui les font souvent marcher sur des abîmes. Que de petites fortunes, que de grandes aussi s'écroulent tout à coup avec fracas parce qu'on a proscrit ces confidences sérieuses qui éclairent, qui arrêtent et dont on sort plus étroitement unis, c'est-à-dire plus forts contre le malheur et les tentations! Allez, allez, mes enfants, n'en perdez pas l'habitude salutaire. Quand je n'y serai plus, signez toujours à deux vos dépenses dans le même livre. Heureuse ou triste, il faut savoir ensemble ce que coûte la journée qui finit.

— Vous me rendez le courage, ma mère; je retournerai d'où je viens. J'irais, je crois, jusqu'au bout du monde, et, bien plus, jusque chez ma cousine Quatorze-onces, » dit Félix.

Cette riche cousine Quatorze-onces était

ainsi nommée par allusion à l'extrême exiguité de son corps, dont la maigreur était devenue proverbiale. Nous saurons plus tard si elle accueillit bien son parent malheureux.

Pour le moment, l'œuf au beurre noir fut posé devant Agnès, et mangé par son frère qui l'aimait. Agnès n'en avait nulle envie.

« Il faut que je vous fasse connaître, Félix, insinua doucement l'aïeule, un dernier souhait de votre enfant.

— Pour l'amour de Dieu, ma mère, ne me le dites pas; lui refuser quelque chose aujourd'hui, c'est comme si je refusais à vous-même. J'ai vraiment le cœur assez percé comme cela.

— Vous répondez sans savoir ce que l'on vous demande, mon fils. Souvenez-vous que c'est pour le bien que je parle, autrement je fermerais ma bouche : ici c'est mon devoir. Il faut donc que vous sachiez qu'Agnès veut ce soir même vous revoir bons amis, vous et votre frère Jean, voilà ! »

Le père d'Agnès fit trois pas en arrière, après quoi, regardant sa mère, il répliqua plein d'indécision :

« Ma mère, est-ce bien là l'idée d'un enfant?
— C'est l'idée même d'un enfant. Bénissez

Dieu qui a fait son cœur comme cela ; cette idée en sort toute seule comme l'eau vive vient on ne sait d'où. Songez-y : à pareil jour, la voix d'un enfant, c'est la voix du Seigneur. Quand elle commande le pardon du coupable, obéir est le plus pressé ; ne la faites donc pas attendre. »

Monsieur Aldenhoff se taisait : « Je vous ordonne de le croire, insista sa mère ; moi j'ajoute une chose : c'est que Jean est triste de votre longue brouillerie. La vie va trop vite pour se désunir ainsi avant la mort, Félix ! Il y a une prédiction : Si l'on meurt brouillé, on risque de ne pas se rencontrer dans l'éternité ; et ne pas y retrouver son frère, c'est vivre éternellement à moitié. Que deviendra votre âme et la sienne, mon fils ? A laquelle des deux pourrai-je donc me réunir, moi, répondez ? Les choses étant ainsi, comment oserez-vous mourir ? A quoi vous servent vos études et vos voyages ? On peut donc faire le tour du monde et n'avoir pas fait le tour de soi-même, comme il est dit dans un livre. Oubliez-vous que la règle de la raison est subordonnée à la règle de la charité ? O ma brul notre devoir est bien plus facile, il se borne à aimer. »

Le frère offensé, se promenant toujours, semblait enfoncé dans lui-même, la tête découverte et inclinée comme quand sa mère le reprenait ; mais il ne regardait qu'Agnès qui, les mains jointes sur son trousseau de clefs, écoutait curieusement sa grand'mère. Celle-ci se hâta de profiter du silence favorable de son fils pour ajouter : « Agnès, embrassez votre père ; remerciez-le d'oublier son courroux contre votre pauvre oncle Jean. Toi, Just, entends-tu ? marche ! Tu fais le sédentaire en baissant les yeux ; mais tu ne regardes tes pieds que pour mieux courir : eh bien ! cours ! va porter cet écheveau de lin brouillé à ton oncle Jean ; dis-lui qu'il vienne m'aider à le démêler ce soir : il saura ce que cela veut dire, et moi aussi ! »

M. Aldenhoff n'arrêta point Just, qui s'élança dehors. « Dis à mon oncle que je suis reine ! » cria sa sœur.

Just était déjà dans la rue, sifflant une fanfare, et agitant deux ardoises l'une contre l'autre entre les doigts étendus de ses deux mains ; ce sont les castagnettes du nord ; les enfants en jouent à la manière espagnole avec une dextérité fort musicale. Just excellait dans ces cantates saccadées. L'espérance était revenue à Just; il pétillait de zèle parce qu'il lui semblait impossible que la rentrée en grâce de son bon oncle Jean ne fût pas célébrée par un beau festin. On croit utile de raconter en passant, que l'oncle Jean, beaucoup plus jeune que son frère, n'avait eu envers lui que des torts qui s'excusent quand on veut sincèrement les réparer. Jean le voulait; Jean l'avait promis à sa mère, qui pardonnait toujours d'avance.

Pourtant le feu languissait; les heures s'envolaient une par une du cadran fleuragé de l'hôtel de ville et du clocher de Notre-Dame. Tandis que de graves agitations se passaient dans le conseil de cette honnête famille, Agnès fut menée au seuil pour être vue des passants et des bons voisins qui l'aimaient. Ils la regardèrent avec bienveillance à travers leurs vitres et leurs jalousies en guipure de fil gris. Elle demeura là patiemment vouée aux saluts de ceux qui paraissaient contents de son beau jour.

LA PETITE VOISINE.

En ce moment, les enfants de chœur, appelés clergeons par le peuple, couraient avec empressement la long de la rue, où le froid piquant de Noël ne permettait pas de dormir;

aussi retournaient-ils chez eux, après l'office de la messe, comme les oiseaux vers le nid, parés encore de leurs surplis blancs qui leur simulaient des ailes ouvertes par le vent du nord. Ils ne ressemblaient pas mal à de gros rouge-gorges courant sur la neige, vêtus qu'ils étaient de la soutane écarlate étroitement serrée contre leur corps; ils tournaient fièrement de droite et de gauche la tête, surmontée du bonnet pointu dont la houppe, cramoisie comme une grenade, excitait l'admiration d'Agnès. Agnès leur faisait à tous une révérence profonde, à quoi les petits clergeons ripostaient avec considération, calculant en eux-mêmes toutes les faveurs qui allaient pleuvoir sur cette heureuse petite grand'mère.

Depuis le Calvaire de l'église jusqu'au pont des Récollets que traversaient les clergeons aguerris contre la gelée, il y avait quatre enfants promus à la royauté d'un jour pour égayer cette rue tranquille.

Rodolphine Jonkey, riche innocente de cinq ans, fille du premier président de la ville, apparut tout à coup à l'ouverture d'une large porte cochère, peu distante et sur le même rang que l'humble maison d'Agnès. Un valet lui tenait respectueusement compagnie. Dieu n'avait pas laissé d'aïeule à cette héritière de cinq ans. Mademoiselle Rodolphine Jonkey ne portait donc que les habits opulents de sa jeune mère, madame la présidente. Par malheur, Rodolphine était pleine d'afféterie sous le long manteau de velours violet qui lui tombait aux pieds, déjà très-chaudement fourrés dans les pantoufles de madame la présidente.

Rodolphine avait ordonné, mais sans le doux s'il vous plaît d'Agnès, qu'on lui mît des mouches au visage, parce que le portrait de sa grand'mère lui paraissait superbe, à cause de cet ornement sur les joues. Elle portait donc sur les siennes des mouches, une étoile et un croissant de taffetas noir d'Angleterre; de plus, elle avait chaud comme en été, abritée contre la brise derrière un large manchon de martre et la plus riche pelisse d'hermine qui se pût voir; on apercevait à peine sa figure effilée et ses cheveux plats d'un blond jaune sortant de ce magasin de fourrure.

Rodolphine s'y carrait, pareille à un jeune chat angora, balançant sa tête avec les ondulations d'un petit dédain mélancolique, comme en effet les chats procèdent en temps de pluie.

Ces minauderies et ces signes de hauteur n'invitaient personne à se réjouir de sa toute-puissance ; on eût dit qu'elle était née majeure, tant elle portait avec assurance le grand amas de plumes qu'elle faisait flotter fièrement sur sa tête. Cela fut cause que des bourgeois de bonne humeur passant par là s'écrièrent : « Excusez ! voilà une petite bourgeoise qui a mis tout son héritage sur sa tête ; qu'elle dîne deux fois si cela peut lui faire plaisir ! » et tous là regardaient sans lui adresser le moindre compliment ; si bien que les yeux lui en piquaient de colère.

Agnès seule lui envoya de loin un baiser de félicitation sans jalousie ; mais ce charmant baiser, pris pour un signe d'égalité familière, fit froncer aigrement le petit nez de Rodolphine, qui, retournant sa tête comme par un ressort, ne se retint pas de dire au valet morfondu : « Voyez ! comment si j'étais son égale ! »

LE PETIT VOISIN.

« Ne lui fais donc pas honneur à cette froide innocente, » dit une jeune voix ferme dans l'oreille d'Agnès, qui bondit. Cette voix était celle d'un troisième innocent habillé en grand-père, fils de l'avare possesseur de la maison verte, habitée par la famille Aldenhoff. Depuis un quart d'heure, le petit voisin regardait Agnès du haut de sa porte, à lui, de sa porte en face, élevée au-dessus du sol par un large perron à rampe de fer doré dans le goût espagnol. On voyait pendre à cette porte, toujours fermée, un noble pied de chevreuil, en signe de la richesse qui rendait cette maison saillante et enviée entre toutes.

L'aïeul opulent avait aussi, dès l'aurore, départi ses vêtements à Ferdinand Duhein, qui les portait avec une joie pareille à celle d'Agnès. Il était, à cette heure, décoré d'une canne à pomme d'or, d'une tabatière d'argent finement ciselée, d'un chapeau à trois cornes, dont son grand-père conservait précieusement l'usage. Ce grand-père, puisqu'il faut l'avouer, malgré notre sympathie pour Ferdinand, passait, dans la paroisse, pour un harpagon fini, bien qu'il fût propriétaire de la moitié des maisons de la rue natale d'Agnès. Ferdinand, qui avait en vain crié bonjour à la petite voisine, ennuyé de n'en être point aperçu, venait s'offrir à son admiration. Agnès aimait Ferdinand, qui n'était point fier et qui avait joué mainte fois aux osselets avec elle, lui avait rendu de loin son bonjour par un signe de tête; mais sa voix n'eût osé prendre l'essor vers la maison d'où sortaient tous les chagrins de ses parents, cette maison dont le maître s'armait de tant de rigueurs contre son père qu'elle aimait comme on aime Dieu. Les mots *saisie*, *prison*, prononcés tout à l'heure à voix basse dans sa famille, laissaient l'empreinte de la tristesse sur son petit visage amical.

Ferdinand, trop loin pour causer comme il en avait envie, sans s'inquiéter de la dignité que lui imposait ses habits de velours, avait enfin franchi la haute rampe et la rue, pour venir se planter devant Agnès. Ils s'examinèrent d'abord sérieusement et se trouvèrent bien. Le monde était si nouveau devant ces deux cœurs d'anges, qu'ils sentaient à peine le souffle piquant de décembre; ils semblaient être encore dans les frais jardins du paradis ouvert à leurs regards enchantés. Ferdinand s'approcha du visage d'Agnès; pressé de deviner au parfum ce qu'elle avait mangé, il respira curieusement sa bouche rose. Agnès, qui n'en faisait pas mystère, dit: « Que sentez-vous ? — Comme un fruit, » répliqua-t-il. Et elle dit oui, de la tête, avec un petit sourire. » Qu'as-tu commandé depuis ce matin? continua Ferdinand, en train de parler, sans attendre la réponse ; moi, j'ai voulu le chocolat de grand-père, avec deux pains français chauds et beurrés ; j'ai voulu de la crème, du café, de l'anisette de Hollande et du vin de Grenache ; j'ai voulu dix feuilles imprimées en bêtes d'or, pour les découper et les mettre dans les livres ; tu en gagneras à la gageure pour des épingles, et je te rendrai les épingles. J'ai voulu des ombres chinoises, et je les ai eues ; j'ai commandé pour ce soir Raoul le joueur de violon, qui jouera des airs de contredanse ; j'ai commandé Grenade le carillonneur, qui siffle aussi bien que la flûte. Ils viendront au dessert et ils auront du vin ; nos caves en sont toutes pleines. Moi, je boirai de l'hydromel, de la bière d'orge, et de tout, comme les hommes, et je serai content ! A présent, parle, toi. »

Mais Agnès n'eut rien à répondre. Qu'aurait-elle pu répondre? Qu'aurait-elle pu raconter de son règne? Toutefois il l'y contraignit, car il avait le ton péremptoire que donne une canne à pomme d'or et un habit de bouracan bleu, chargé de brandebourgs en or. « De tout ce que j'ai voulu, dit-elle, on n'en a pas ; il y avait un œuf au beurre noir, mais je ne l'aime pas. Just, qui l'aime mieux, l'a mangé. » Ferdinand la regarda plein d'étonnement. « L'œuf était tout entier, au moins, fit-elle observer à Ferdinand. — Après, dit-il, qu'as-tu mangé? — Plus rien. Tous les hier, j'avais de meilleures choses; mais je crois que ce n'est plus la saison des gâteaux! — Si, c'est toujours la saison chez le pâtissier; j'en ai commandé trente pour ce soir. — Ce n'est la faute de personne, » dit Agnès. Alors, malgré qu'elle fît effort pour être joyeuse, deux ruisseaux de larmes prirent leur cours le long de ses joues. Ferdinand, stupéfait, perdit tout son aplomp; son chapeau tricorne même parut triste sur ses longs cheveux châtains bouclés; mais comme il s'était habitué dès le matin à dire je veux, il continua de même avec Agnès! « Je veux savoir pourquoi tu pleures !

— C'est que ma mère pleure. — Pourquoi pleure-t-elle? — Parce que ton grand-père veut que mon père aille en prison, à cause qu'il n'a plus d'argent pour payer nos loyers de Noël. On ne veut pas attendre qu'il en gagne ! Ma grand'mère a dit: Agnès a le droit, tout le jour, d'aller demander un délai, puis d'ajouter: Soyez humain! c'est un innocent qui vient vous le demander, de la part du Sauveur! Mais mon père ne veut pas que j'aille dire cela contre une pierre, et ma mère pleure; voilà ce que j'ai, Ferdinand. »

Ferdinand n'osa plus parler de son bonheur. Après avoir regardé devant lui, puis par terre, il s'en alla disant : « Adieu, Agnès. — Adieu, Ferdinand, » répondit la petite reine désolée, qui demeura là pour le voir s'en retourner, puis remonter lentement le perron, puis tirer violemment le pied de chevreuil pour qu'on vînt lui ouvrir, puis disparaître enfin tout à fait. La rue fut longtemps déserte.

LE PAUVRE.

Tout à coup, Agnès, dont les larmes s'étaient séchées au grand air, courut dans la cour où balayait sa grand'mère, et tendant les mains, lui cria :

« Ma grand'mère, donnez l'aumône, le bon Dieu est à la porte. »

Elle parlait d'un mendiant à la chevelure blanche élevée en auréole d'argent sur la calotte noire qui couvrait sa tête; son habit rouge, criblé de pièces de toutes sortes, était d'une forme bizarre, et à force de propreté, cette misère avait son lustre. On supposait cent ans à ce pauvre tout penché, qui ne parlait jamais en s'arrêtant, calme et sérieux sur chaque seuil ; et les enfants de la ville l'appelaient le Bon Dieu.

Madame Aldenhoff fouilla ses grandes poches avec empressement ; mais elle eut beau les interroger jusqu'au fond, elle n'y trouva que son étui plein d'aiguilles, son Christ en ivoire et son dé de cuivre, rien autre, ce qui la mortifia presque autant que sa petite-fille. C'était la première fois, depuis quarante ans d'aumône à ce pauvre, qu'elle avait toujours connu aussi vieux, qu'un refus interrompait d'elle à lui comme un fil entre le ciel et la terre. L'aïeule s'arrêta en soupirant, et dit : « Je n'ai rien !

— Eh bien, alors, repartit Agnès, qui brûlait de donner elle-même le jour de sa fête, je vais chercher ma lettre de change.

— Que veux-tu qu'il en fasse ?

— Il la mettra dans son sac jusqu'à dimanche ; c'est le jour de l'échéance, et mon oncle Jean, bien sûr, viendra la payer avant la messe.

— Ma parole vaut ton billet, mon enfant, et il y croira. Mais aux pauvres qui ont cent ans, on ne donne pas de billet; il vaut mieux leur donner à boire. »

Ainsi fit-elle.

Après avoir rempli de bière le grand vidercome pour le pauvre qui attendait son dû, la grand'mère prit Agnès par la main et s'en vint droit à lui.

« Buvez, lui dit-elle d'un ton courageusement triste, et faites-nous crédit d'argent pour aujourd'hui. Vous aurez le double l'autre semaine; mais, s'il vous plaît, laissez votre bénédiction sur cette enfant, car c'est aujourd'hui sa fête. »

Le pauvre, ayant bu, la regarda gravement. Il fit en silence le signe de la croix, levant ses yeux jusqu'à la madone inscrutée au mur frontal du logis qu'il hantait depuis tant d'années, et s'en alla rêveur et doux.

Agnès, frustrée en toutes choses, le regarda glisser de porte en porte, où de plus riches voisins avaient le bonheur de lui donner; il atteignit bientôt près du pont l'enfoncement d'un vieux couvent détruit, où cette furtive image du Christ s'évapora comme un rêve.

Buvez, lui dit elle, et faites nous crédit d'argent pour aujourd'hui.

L'OISEAU D'AGNÈS.

Il y avait encore un innocent dans le voisinage, mais celui-là ne paraissait pas sur sa porte. Il demeurait dans ce couvent abandonné des Récollets, dont on vient de parler, où son père, loueur de carrosses et de chevaux, tenait ses magasins à fourrages. Durant l'été, des nuées d'enfants allaient jouer dans les vieux cloîtres, qui retentissaient de leurs cris perçants ; à cette heure, il y régnait un grand silence. Le carrossier, qui aimait beaucoup le petit Amé, unique enfant de son veuvage, ne travaillait pas joyeusement, car le petit Amé était malade. Ce père soucieux s'en vint donc demander à parler seul à madame Aldenhoff, et l'on s'empressa de le faire entrer dans la salle bleue, s'excusant comme on put de le recevoir sans feu. Il passa doucement sa main sur la joue d'Agnès, qui n'entra pas d'abord, et lui dit : « Je vous ai prise vraiment pour votre grand'mère ; » ce qui fit rougir de plaisir la petite enfant.

Demeuré seul avec les femmes, le carrossier s'expliqua :

« Je viens vous prier de prêter un peu l'oiseau d'Agnès pour égayer mon pauvre enfant malade, bien malade, mes voisines, et si faible, qu'on n'a pu l'habiller avec mes lourds habits, ni même avec les siens, si légers qu'ils sont. Il a vu, à l'automne, l'oiseau d'Agnès durant la dernière visite que vous a rendue sa mère avec lui... sa pauvre mère qu'il appelle sans trêve et sans repos.

— Ah! mon voisin, nous nous le rappelons! —Oui, oui, nous nous le rappelons, » interrompirent les femmes avec un soupir. Le carrossier demeura un peu sans parler ; un homme ne veut pas laisser deviner qu'il pleure. « L'oiseau donc, reprit-il, est resté dans la mémoire d'Amé, qui s'est mis à dire, ce matin et à chaque instant depuis : « J'ordonne que j'entende chanter l'oiseau qui chante dans la maison d'Agnès ! Je veux entendre chanter l'oiseau et puis voir ma mère ! Je le commande, ô mon père! moi, je ne peux marcher ; allez donc vite, allez ! car c'est aujourd'hui la fête des Innocents. » Hélas ! le pauvre enfant n'a pas encore pu comprendre que sa mère est morte depuis trois mois, et qu'on ne peut la lui rendre. On ne peut que lui prêter l'oiseau ; prêtez-le-nous, s'il vous plaît, pour tâcher de le faire sourire, lui qui n'a qu'un souffle, et si vous croyez qu'Agnès ne s'y oppose pas.

—Comment! repartirent vivement les mères, Agnès sera trop contente d'égayer le pauvre Amé; » et l'aïeule sortant en toute hâte appela sa petite-fille pour lui faire part de la demande du carrossier.

« Puisque tu me représentes, ajouta-t-elle, j'ai besoin de savoir si tu devines ce que je répondrais moi-même. Qu'allons-nous décider? » Agnès resta interdite, et une grande rougeur lui monta au visage. Elle avait toujours vu sa grand'mère prêter cordialement toutes ses humbles possessions; mais son oiseau!... Son oiseau qu'elle appelait Iris lui était infiniment cher. Néanmoins : « Amé est donc malade? » fut sa première exclamation; puis, « Iris aura froid dans la rue! » fut la seconde, et ses grands yeux doux restèrent attachés avec indécision sur les regards encourageants de sa grand'mère.

« L'oiseau n'aura point froid sous le manteau du voisin, et le pauvre Amé sera réjoui dans son lit s'il entend chanter l'oiseau. »

Agnès partit comme un trait.

« Porte-toi bien, dit-elle après avoir atteint

avec effort, sur l'appui de la fenêtre, la cage de son petit chanteur. Au revoir, Iris : » et elle baisa le grillage.

Quand l'aïeule lui dit qu'elle faisait précisément ce qu'elle ferait à sa place, cette parole fit couler la consolation sur le cœur serré d'Agnès. Alors elle suivit courageusement sa mère, portant la cage à M. d'Artois, qui l'attendait avec anxiété. Comme il vit qu'une larme pendait à l'œil d'Agnès, il craignit qu'elle n'allât se dédire ; mais il ne la connaissait pas. S'apercevant tout à coup que l'oiseau n'avait plus de nourriture dans l'auge, Agnès, avec une sagacité toute précoce, retint par son manteau le voisin qui emportait la cage, courut vers une armoire à elle, faite à sa taille, et qui fermait à clef, puis elle cria :

« Prenez ce mouron et ce mil pour faire chanter l'oiseau ; s'il voit qu'on pense à lui, s'il voit tomber du mil, il chantera tout de suite. Je veux qu'Amé soit content, mais je veux que mon oiseau mange aussi ! »

La prévoyance d'Agnès fut approuvée des parents, et le pauvre père emportant soigneusement la cage sous son manteau, doubla la provision chez le grainetier dont les sacs étaient ouverts sur son passage, à l'autre rang de la rue, puis il partit à grands pas.

LE PUITS MITOYEN.

Durant ce temps, Just, enflammé d'espoir, avait apparu trois fois, chuchotant des paroles mystérieuses à sa grand'mère, l'attirant à part au fond de la maison, puis retournant faire l'école buissonnière dans une partie de la ville appelée le grand Canteleu, au pied du rempart où son oncle Jean travaillait à peindre des équipages et des blasons. L'oncle Jean, comme son frère, excellait dans ce genre de peinture. Il y avait dans cette longue rue déserte, bordée de jardins et d'arbres alors couverts de neige, des tailleurs de pierre habillés de peaux blanches, de chapeaux blancs, et blancs eux-mêmes jusqu'à leurs yeux noirs et brillants comme des charbons; puis un cordier filant sa corde par quelque saison que ce fût, ce qui était très-agréable à regarder pour Just, qui pouvait impunément passer le jour à ne rien faire en attendant son oncle. Pour combler la satisfaction de l'écolier, la lune commençait à se lever rouge et large au-dessus de l'horizon, à travers la gelée étincelante, et Just, fort jeune encore, se persuadait que cette figure d'or était un saint couché à plat ventre dans le ciel pour regarder sur la terre le mal ou le bien qui s'y passe. Le frère d'Agnès interrompait parfois ses contemplations en frappant par un transport redoublé ses castagnettes d'ardoises, puis retournait faire une nouvelle commission de son oncle à sa grand'mère ; il ne se sentait pas de joie, car il était utile, et prévoyait un beau repas.

Après les allées et venues de Just, la grand'mère, plus affairée, allait et venait au bout du logis solitaire, ôtant soigneusement la clef de la salle bleue, chaque fois que Just était rentré furtivement, on ne savait pourquoi.

Et voici pourquoi : un puits mitoyen séparait la cour des Aldenhoff d'avec celle d'un étainier paisible qu'on appelait don Gaspar, à cause de son origine espagnole. C'était le meilleur voisin du monde. Le puits se fermait d'un côté par un large volet en bois, de l'autre par le même secours ; les deux volets clos aux verrous, chacun était chez soi,

Aux heures fréquentes des lavages intérieurs qui font courir dans les allées des filets d'eau perpétuels, les deux volets s'ouvrant en même temps d'une cour à l'autre, les femmes se saluaient amicalement et parfois se contaient leurs peines. Dans les jours heureux, c'étaient des discours enjoués, des louanges sur leurs enfants, de gracieux rapports de mères s'excitant d'un mutuel exemple aux vertus domestiques, et quelles mères en possédaient plus que celles arrêtées alors au rendez-vous du puits mitoyen? Elles étaient belles de leurs devoirs accomplis; elles étaient pures comme l'eau qu'elles puisaient pour assainir leurs humbles demeures.

Dans le courant du jour ici raconté, pour ménager une surprise plus grande à la famille et à sa bru elle-même qu'elle ne mit pas dans la confidence, l'aïeule avait envoyé à son fils Jean un écheveau de lin brouillé, emblème naïf d'un long malentendu, et signal du jour où la querelle allait enfin se dévider entre les deux frères. Sur la réponse de Jean, apportée par Just, qui l'avait instruit de la détresse du ménage, cette mère inventa le secret d'introduire, au moyen du puits, tout ce que l'oncle envoyait par l'intrépide écolier. Just fit trois voyages, les poches pleines; entrant furtivement par l'allée de don Gaspar, qui riait de tout son cœur du tour fraternel de l'oncle Jean.

Vers le soir, un marmiton fut guidé par le voisin jusqu'à la margelle du puits ; on frappa au contrevent pour la quatrième fois ; la grand'mère ouvrit avec précaution ; le seau suspendu comme un panier d'abondance transporta de son côté les dons providentiels qui arrivaient de l'autre, et son cœur rajeuni battait d'une joie d'enfant en se prêtant à cette sainte fraude. Sur quoi sa belle-fille, ignorante de tout ce qui se passait, ne se retint pas de lui dire :

« Mon Dieu, ma mère, que vous allez souvent au puits par le froid qu'il fait ! »

A quoi l'autre répondit : « Ma fille, n'y prenez pas garde ; il faut ce qu'il faut. » Et elle souriait avec mystère. Mais sa fille ne le voyait pas, car la brune commençait à répandre une teinte grise sur les rues. La brune tombe vite en décembre.

LA BÉNÉDICTION DES PAUVRES.

Madame Catherine, assise au rouet où elle remplaçait ardemment sa mère quand celle-ci veillait au ménage, ne voyant ni son mari ni son frère apparaître, regarda tristement la lampe que l'aïeule apportait, parce qu'elle savait qu'il n'y avait plus au logis d'autre lumière ;

alors les deux femmes s'entendirent sans parler. Ne voulant pas d'ailleurs le céder en courage à sa vaillante mère, la jeune femme fit un effort sur elle-même pour chanter... Terrible effort !

« Mon Dieu, dit la mère en se penchant vers elle comme pour redresser la quenouille, pleurez plutôt si vous en avez envie, car vous êtes blanche comme votre linge, et chanter ainsi ne servira qu'à vous serrer l'estomac. Pleurez ; la Providence vous entendra. — Pardonnez-moi donc cette faiblesse, ma mère ! vous savez ce que c'est que de voir pâtir ses enfants ! » Ses larmes alors coulèrent sans contrainte, et ce fut mieux.

Agnès, pensant à son autorité royale, fut tentée d'ordonner à sa mère de n'avoir plus de chagrin ; mais elle commençait à s'avouer que son pouvoir était fort limité. Pourtant, ayant vu que les voisines affligées venaient souvent demander des conseils à ses deux mères : « Ma mère ! dit-elle en posant ses petites mains sur ses genoux, et du ton de la plus mûre réflexion ; ma mère ! donnez-nous des conseils, cela vous fera du bien ! » ce qui fit en effet que sa mère l'embrassa, ranimée d'un mouvement de joie inconnue et divine.

6.

Tout à coup, on entendit frapper discrètement à la cave extérieure ouvrant à deux battants sur la rue. Cette cave, profonde, voûtée, claire et tapissée comme une chambre, servait de corridor souterrain à ceux de la famille qui voulaient sortir ou rentrer sans être vus, pour quelque affaire pressante. Elle était habitée par une marchande de verdure et par son mari François Roch, ancien tambour de régiment, pour lors raccommodeur de souliers, mettant des brides et des semelles aux sabots de tout le voisinage.

Peu après qu'on eut frappé de nouveau, Marie-Joseph Roch, la verdurière, rôdant partout dans la maison comme un génie familier, apparut à travers la demi-teinte due à la lampe et montra sa joyeuse figure à la porte d'un escalier remontant de sa cave dans la chambre où filait madame Catherine.

M. Aldenhoff était depuis plusieurs années l'administrateur des pauvres de la paroisse.

« Voilà les pauvres, dit-elle, qui viennent saluer Agnès; ils demandent à la voir en personne, à cause que les innocents portent bonheur durant toute l'année. Vous sentez bien que c'est pour bénir l'enfant de M. Aldenhoff, qui les traite si humainement, ces pauvres pauvres ! Ils sont là plus de quarante, en ordre comme au sermon. Le vieux, habillé de rouge, celui-là qu'on appelle le Bon Dieu, les conduit. Il marche à leur tête ; tenez, les voilà rangés en bataillon devant ma cave. »

Madame Aldenhoff ouvrit les volets donnant sur la rue ; une bénédiction bruyante courut parmi cette foule des protégés de M. Aldenhoff quand l'innocente apparut en aïeule sur l'appui de la cave, d'où elle leur tendit les bras. Le plus cher de tous ces pauvres, pour Agnès, c'était le vieillard à l'auréole blanche, qui retournait alors vers son village avant que le pont-levis fût baissé. Il s'approcha de l'enfant et lui fit comme un discours avec des paroles murmurées, que l'on n'entendit pas parce que la voix du vieillard était trop cassée ; mais sa figure semblait étrange et lumineuse sous le reflet d'un petit flambeau de résine qui brûlait au bout de son bâton noueux. On l'avait chargé d'un humble présent que tous avaient eu l'intention d'offrir à l'enfant de celui qui les régissait avec une bonté paternelle. On peut juger de ce qu'Agnès ressentit de plaisir. C'était un panier de jonc où dormaient, sous le filet, deux pigeons bleus nichés parmi la mousse, au milieu d'une bordure de pommes d'api rouges comme des fleurs. Une femme s'approcha qui dit : « Il faut manger ces pommes avec père et mère. Elles représentent les bénédictions du Seigneur. Chacun de nous a mis la sienne dans le panier que voilà ; prenez ! car votre père est notre père. Nous lui rendons ce soir chacun un dénier de ses dons. Que Dieu vous protége, enfant béni, et mangez ! Vivent les innocents ! Vive le père des pauvres ! »

Cela fait, les indigents s'éloignèrent criant entre eux :

« Oui, c'est notre vrai père ; dans la disette ils nous a nourris de son pain. Oui ! nous ne lui rendons que la millième partie du bien qu'il nous a fait. S'il était riche nous n'aurions jamais faim !

— Agnès, gardez cela, dit l'aïeule, comme ravie ; le présent de celui qui mendie est plus précieux qu'une étoile qui tomberait dans votre main. » Et l'on rentra.

Peu d'instants après, Cécile et Eugénie, les sœurs d'Agnès, revenant de l'école, montèrent à la soupente, pour ôter et plier leurs tabliers, ranger leurs paniers, leurs mantelets, leurs cahiers d'écriture et tous les objets de travail du lendemain. Causeuses comme leur âge, elles n'en finissaient pas de se rappeler les moindres incidents du jour. Encore une fois le bruit monotone du rouet contre le poêle éteint, troublait seul le silence qui s'était rétabli en bas. La lampe de fer accrochée au foyer éclairait faiblement la chambre, et projetait ses lueurs intermittentes sur les murs qu'Agnès trouvait tout changés ; elle se promena longuement de chaise en chaise, puis en choisit une pour y poser sa tête toute lasse d'espérer une fête au milieu de tant d'obscurité. Par degrés, oubliant ses pommes, son oiseau, les pigeons, les pauvres et tout, elle s'endormit au bruit égal de la roue grinçante et des oscillations d'une horloge qui battait derrière la porte.

RENCONTRE DES FRÈRES DURANT LA NUIT.

Monsieur Aldenhoff, à cette heure, parcourait encore inutilement la ville. De tous les marquis, comtes ou barons, dont il avait peint ou doré les équipages, nuls ne se trouvaient en mesure d'acquitter leurs mémoires. Le peintre marchait en vain, couvert de sueurs et de givre, tandis que sa femme, comptant avec transe chaque pulsation de l'horloge, croyait à toute minute entendre frapper les huissiers pour venir saisir son mari; c'était une terreur en elle, c'était un vertige en lui. Sa raison grondait contre lui-même, et son jugement, d'ordinaire si droit devant ses propres misères, se troublait alors et cherchait l'appui de Dieu. Il lui semblait qu'il cheminait en banni dans son pays natal, car sa cousine Quatorze-onces venait de l'éconduire avec des paroles si cassantes, qu'elles sifflaient encore derrière lui. Cette vieille demoiselle, maigre à ce point, qu'un cœur semblait n'avoir pu trouver place dans sa poitrine, ne partageait qu'avec deux gros chats une fortune qui eût aisément nourri vingt familles. A vrai dire, le visage glacé de cette ombre n'avait pris aucune teinte d'humeur ni de colère, à la demande de son honnête cousin. C'est en prenant, coup sur coup, de petites prises de tabac, qui la faisaient éternuer, qu'elle marqua son étonnement de ce qu'un tel maître peintre n'eût pas fait encore de larges épargnes sur ses grands travaux. Il fallait donc qu'il y eût un peu de sa faute. « J'ai pour cela fait de trop grands crédits, ma cousine, et mes nombreux enfants...

—C'est le tort que vous avez eu, repartit-elle

posément; un ouvrier d'élite ne doit livrer ses travaux qu'au comptant. Maintenant, allez voir ceux qui vous doivent.

— Je les ai vus, ma cousine.
— Il faut les revoir, cousin !
— C'est fait, cousine.
— Prenez donc que je n'ai rien dit : quant à moi, qui n'ai fait peindre ni dorer de carrosse, il ne serait pas raisonnable que je fusse victime de vos mauvais payeurs. Passe encore si j'avais l'habitude de prêter; mais je me suis fait une loi rigoureuse de ne prêter de ma vie, et je garde religieusement cette habitude de jeunesse. Bonsoir, cousin; embrassez pour moi ma cousine. »

Chose étrange : le digne emprunteur sortait plus ulcéré de chez sa mielleuse parente que du logis des autres riches, qui brillaient aux dépens de ses avances. L'homme fier est fait ainsi : le généreux artisan prêtait au moins du fond de sa misère; il accordait du temps aux riches, il trouvait une sorte de joie à les traiter comme les pauvres, qu'il aimait tant! mais son aride parente venait de le confondre, et sa main, qu'il toucha en tirant après lui la porte, lui fit froid comme le contact du marteau de fer.

« Dormez, dormez bien ! dit-il en s'éloignant ; vous ne savez pas ce que c'est que la nuit d'un père qui ne rapporte rien à ses enfants ! »

Et tout en traversant cette ville tranquille, il se sentait bien malheureux ! plus malheureux, plus foulé que les pierres qu'il pressait de son pied rapide. Dans toutes ces demeures, se disait-il, où j'entends rire et chanter les familles, qu'est-ce qui pense à nous et nous plaint ? Mon Dieu ! la terre est-elle ainsi partout, aveugle et sourde aux cris de vos enfants ?

De ci, de là, l'image de la prison le gênait pour marcher ; il songeait au scandale qu'elle attache à la vie d'un homme au milieu de ses compatriotes ; à la consternation de ses ouvriers, presque ses enfants ; jamais le sort ne lui avait paru si sévère ; mais comme il avait eu toutes les modérations dans le bien-être, il chercha en lui la vertu de sa nouvelle position, il ne s'irrita point ; il s'écouta lui-même : le silence dit de grandes choses à l'homme qui se souvient.

Tandis qu'il marchait vite, tournant alors le coin de la rue des Morts, un homme se présenta devant lui, que la lune éclairait en plein ; la lune pâlit les visages, et leur visage apparut l'un à l'autre pâle et grave comme la nuit. L'homme était Jean, sortant du travail et courant chez son frère, qu'il rencontrait inopinément.

« Est-ce vous que voilà, mon frère? demanda-t-il d'une voix altérée.

— Il n'y a pas de doute, » repartit son frère, bouleversé d'émotion comme lui; et leurs mains se retrouvèrent l'une dans l'autre, avec une circulation tellement prompte du sang, que l'été n'eût pu les réchauffer d'une chaleur si généreuse.

« Vous voulez donc bien que je vous suive, mon frère Félix! dit Jean avec un reste de honte.

— Comment pouvez-vous me demander cela? répondit l'aîné; est-ce que je ne tiens pas votre main? Je vous défie à présent de quitter la mienne; je suis plus fort que vous, je crois; allons, marchons à deux!... »

En effet, leur amitié interrompue se rejoignait d'un élan pareil, et la lune majestueuse, sereine et calme comme un juge céleste, resplendissait sur ces deux frères réconciliés. Quand ils rentrèrent ensemble, leurs bras encore enlacés fortement, les deux femmes virent d'un coup d'œil que la grâce et l'harmonie de Dieu rentraient dans la maison.

Just, qui avait suivi son père et son oncle, se tenait droit et fier comme s'il était l'auteur de la réconciliation. Il avait tant couru! Mais l'oncle Jean, dont l'attendrissement s'accroissait, parcourait alors d'un œil inquisitif la chambre mal éclairée et sans feu. Ce malaise visible poigna son cœur de frère. Sans dire sa pensée, il se rapprocha plus étroitement du sien dont la contenance était sereine; il se pencha sur son épaule pour y étouffer un sanglot; enfin cette parole sortit de sa bouche :

« Vous qui m'avez servi de père, vous voir ainsi! Ce n'est la faute de personne, mon frère, et ne plus nous voir me faisait cent fois plus de mal. »

L'aïeule, qui avait un moment quitté la chambre pour pleurer seule avec Dieu, rentra, portant, à l'étonnement de la famille, deux flambeaux qu'elle se hâta d'allumer à la lampe vacillante. Agnès, réveillée à demi, ne voyant pas assez vite l'oncle qu'elle aimait presque à l'égal de son père, et dont elle avait entendu le retour, suivait avec impatience les mouvements donnés aux bougies lentes à s'allumer.

La première qui prit flamme lui causa tant de satisfaction, qu'elle cria : « Bon! en voilà une qui voit! ô mon oncle! je vous reconnais ; vous vous ressemblez toujours! C'est ma fête, j'ordonne que vous soyez content. »

Les sœurs ayant reconnu les voix aimées, descendirent précipitamment pour prendre part aux tristesses et aux consolations de la famille.

Jusque-là, Jean n'avait pas encore entendu la douce parole de sa mère; mais Jean avait répondu à son regard profond : « Oui, ma mère, vous deviez être sûre de moi!...

— Si j'en étais sûre! je ne sais bien sur la terre que vous deux, mes fils! Salomon a dit une vérité éternelle : La mère seule connaît son enfant. »

La confiance ainsi rétablie dans le ménage encore une fois complet, on se raconta la détresse d'autant plus amère que pas un n'avait de quoi l'épargner à l'autre. Il s'ensuivit un silence où l'image de la prison se montra si évidente pour le lendemain qu'elle rembrunit tous les visages.

LA VISITE D'UN INNOCENT.

Et voilà qu'à grands coups, pan ! pan ! pan !... Qui frappe ?... Drelin ! drelin ! drelin !... Qui sonne ?... « Ouvrez au roi d'un jour, car le jour va finir ; ouvrez ! j'apporte une bonne nouvelle de la part du Sauveur. »

On ouvre. « Comment ! dit l'aïeule étonnée, c'est Ferdinand qui nous visite ! Agnès ! il est roi comme vous êtes reine ; saluez Ferdinand. Il ressemble ainsi tout à fait au grand-père. Est-ce la sainte Vierge qui nous l'amène ? »

Les yeux d'Agnès s'ouvrirent encore plus grands à cette surprise agréable et royale.

« Bonsoir, Agnès, je t'apporte quelque chose ; ne pleure plus. »

Ce qu'il apporte est un papier plié dont Agnès ne sait que faire.

« Jour de grâce ! crie l'aïeule, après l'avoir approché du flambeau, mes fils, ma fille, mes petits enfants, louons Dieu ! c'est la quittance entière des loyers. Viens, Ferdinand, tu seras béni durant tous les jours de ta vie, quand tu deviendrais dix fois plus vieux que ton grand-père, et béni dans l'éternité, car c'est toi qui es le bon riche !

— Mais, ma mère, ce n'est pas possible, demande hors d'elle-même la bru suffoquée de bonheur.

— Quand on vous le dit, ma fille ; est-ce que nous n'allons plus croire aux miracles à présent ? » C'était en effet un miracle.

Ferdinand passa de bras en bras, retenant sur sa tête son chapeau d'aïeul qui tournait. Il raconta simplement ce qu'il avait fait, et ce qu'il avait fait était bien.

En rentrant, le cœur gros d'avoir vu pleurer Agnès, songeant à l'œuf au beurre noir qu'elle n'avait pu manger, son appétit se traînait sans goût sur ce souvenir. Il ne se souciait plus de voir préparer les bonnes choses qui bouillaient dans les marmites, et ne passa point par la cuisine qui, d'ordinaire, attirait son hommage. Il vit froidement la table du festin que l'on couvrait dans une salle dont le parquet rouge était arrosé de sable blanc; ce sable si fin qui forme comme une mousseline de marbre sur les carreaux cramoisis, genre de tapis qui égaie beaucoup les salles à manger flamandes. Ferdinand n'aida pas une seule *maiken* ou servante à déplier les nappes damassées dont les grands fleurages étaient lustrés comme de la nacre; les verres de cristal taillés et les pots d'argent étincelaient inutilement au buffet; l'enfant poussait et fermait bruyamment les portes doubles et matelassées des belles chambres à tapisseries de haute-lice. Cette serre chaude ne dégonflait pas le front soucieux de Ferdinand; il voyait toujours la figure pleurante d'Agnès, toujours le mot prison lui revenait en mémoire avec la frêle voix traînante de sa camarade d'innocence; sa canne rampait le long des escaliers, comme si le petit bourgeois eût eu les soixante-seize ans dont il portait le costume; enfin, tout en colère de n'avoir plus de plaisir, il courut se cacher dans la chambre de son grand-père pour se déshabiller. Le vieillard dormait au fond de son fauteuil devant un feu splendide qui lui rôtissait les jambes, et Ferdinand s'engloutit dans un autre fauteuil, en face de lui, pour attendre son réveil.

Voilà que, sans le faire exprès, la canne à pomme d'or qu'il tourne dans ses genoux glisse jusqu'aux pieds du rentier qui se réveille, ouvrant de grands yeux pour reconnaître Ferdinand, et Ferdinand, tout farouche, le regarde fixement, la figure embrasée par les reflets d'un feu d'enfer.

,,,, C'est toi Grand-père ,,,, dit le vieillard, régénéré par son chaud sommeil.

« C'est toi, grand-père! » dit le vieillard, régénéré par son chaud sommeil.

Ferdinand dit qu'il n'était pas grand-père et qu'il voulait se déshabiller, ce qui fâcha M. Duhein, par l'idée qu'on avait désobéi à son cher enfant gâté. Ferdinand était la seule chose vivante dont il fût idolâtre.

Les coups de sonnette allaient leur train à la porte de la rue, et jusqu'à des voitures roulantes annonçaient le grand nombre des convives pressés d'entrer dans cette espèce de palais d'abondance; car Ferdinand avait usé largement de sa puissance royale pour approvisionner le festin.

Ce tintamare de fête fit lever M. Duhein, en l'avertissant que l'heure du repas était venue. Alors Ferdinand s'attachant aux basques de son habit, répéta résolument qu'il voulait se déshabiller, puisque le père d'Agnès allait aller en prison.

« Comment! tu veux faire manquer le banquet, Ferdinand, et pour un homme qui me doit deux termes!

—J'ordonne de les payer avec votre argent, et je suis le maître, cria le jeune aïeul.

— Veux-tu bien te taire, petit pendard ! dit

tout bas l'avare en gagnant le corridor. Tu aurais le cœur de me ruiner le jour de ta fête, toi? Viens donc voir ce que tu me coûtes, enfant prodigue! Sais-tu qu'il faut bien des loyers pour faire rôtir toutes les poulardes et les tas de vivres que l'on t'a laissé commander ! »

En ce moment, les parents et les amis appelaient d'en bas : « Voulez-vous donc laisser refroidir le festin des innocents ? »

M. Duhein profita de la sommation pour saisir la rampe de l'escalier, croyant se soustraire à ce qu'il jugeait un léger caprice de Ferdinand ; mais il n'en était pas quitte.

En entrant au banquet, Ferdinand, rouge de volonté, ne répondit rien aux accolades respectueuses dont il fut salué. Il mit ses deux coudes sur la table, refusant de manger, prononçant enfin ces paroles terribles pour un aïeul : « Je ne veux plus être mon grand-père. »

Les convives furent déconcertés, et les parents bien davantage. Servantes et valets demandaient en vain à l'innocent :

« Monsieur, voulez-vous boire? monsieur, voulez-vous du chevreuil, du saumon, des ortolans? »

Ferdinand restait immobile, et les autres mangeaient d'autant plus qu'ils éprouvaient l'embarras de parler; car chacun s'ingérait en soi de ce que voulait dire l'enfant et faisait à son voisin des yeux étonnés. M. Duhein, seul, regardait au fond de son assiette; la honte lui paralysait l'estomac.

Au milieu de ce silence et de cette gêne insupportable pour tous, l'enfant, frappant des deux poings sur la table, prononça tout à coup d'une voix éclatante :

« J'ordonne que le père d'Agnès n'aille pas en prison ! S'il va en prison, j'ôte mes habits, et je ne suis plus innocent. »

Grand-père but un verre de vin pour ne pas s'évanouir; toute la table fut consternée.

« Allons, du papier ! poursuivit en pleurant le petit monarque: une plume ! de l'encre ! Ecrivez vite, grand-père, la quittance du maître peintre.

— Eh bien, mon père, dirent les grands fils, et la mère, et la tante, il faut faire sa volonté, il n'y a pas à répliquer; après tout, c'est un grand jour ! »

Le propriétaire, très-pâle, répondit en bégayant : «Songez-vous que cet honnête homme me doit deux termes, et que cela fait deux cents livres! plus vingt patars pour le droit de nicher une vierge au-desssus de la porte, ce qui creuse le mur.

— Deux termes! s'écrièrent les fils irrésolus.

— Deux termes! répétaient les invités, en élevant leurs mains.

— Sinon le ferais-je saisir, humain comme je le suis?

— Il faut considérer, mon père, hasarda l'un des fils, que M. Aldenhoff a toujours bien payé jusqu'ici; que la disette de l'autre hiver lui a coûté beaucoup pour contenir les pauvres qui l'appellent leur père; ils vous auraient visité rudement, peut-être, sans les secours et les bons conseils du voisin qui les administre fort sagement.

— Qu'il s'administre lui-même, puisqu'il se met au rang des pauvres; belle profession, ma foi! N'est-ce pas abominable?

— Considérez, cher père, que le maître peintre augmente la valeur de cette étroite maison en la lustrant chaque année d'une couleur verte tout à fait agréable; préservée ainsi du dommage de la pluie, les réparations en sont moins fréquentes. De plus, il ne se passe pas une fête que la madone ne soit éclairée de nuit comme de jour, et ornée de fleurs ou de feuillages, même en hiver ; vous n'avez qu'à voir par la fenêtre. Les paysans et les citadins mêlent votre nom à tous ces soins honnêtes, ils rejaillissent sur le propriétaire, et vous ne les payez pas !

— Il ne manquerait plus que de payer ses hommages à la Vierge ! Est-ce que je suis chargé de sauver l'âme de personne ?

— Il s'en charge lui-même, il faut en convenir. Enfin, père, il soutient sa mère, qu'il honore comme une sainte femme qu'elle est ; il a élevé son frère au bien et au talent, et il a quatre enfants dont il répond devant Dieu.

— Eh ! parbleu ! j'en ai cinq, moi, repartit le père en les regardant tous, et je paye à la ville ce qu'ils me coûtent ; c'est énorme ! c'est énorme ! »

Ferdinand pleura plus fort et tordit ses manchettes. « Eh bien ! quittance ! quittance ! grand-père, résumèrent toutes les voix ensemble.

— Quand on saura cette violation à mes mœurs, tous les autres locataires aussi viendront me demander quittance.

— Non, mon père, on ne le croira pas, dit un de ses fils pour le consoler. — Non, monsieur Duhein, personne ne le croira, appuyèrent obligeamment les convives.

— Ah ! vous ne connaissez pas ces scélérats de pauvres. Mais vous avez raison de dire que c'est un grand jour, gémit l'avare après avoir écrit et signé comme s'il laissait tomber dix ans de sa vie sur le papier.

— Ouf ! par saint Nicolas, mon patron, quel tyran je me suis donné là pour associé ! »

Ferdinand ne perdit pas la tête : il sortit quittance en main, criant : « Je vais revenir danser avec la compagnie. »

Grenade le carillonneur, grand comme Goliath, sifflant comme une alouette, sifflait déjà dans le vestibule et voulut retenir l'enfant entre ses hautes jambes. Raoul, accordant son violon, servit aussi d'obstacle à le laisser passer ; Ferdinand les bouscula vigoureusement contre le mur.

« Buvez sans moi, leur dit-il comme ivre de joie ; buvez ! grand-père a du bonheur et du vin pour tout le monde, entrez ! »

Voilà ce qui venait de se passer chez Ferdinand, que la famille du peintre reconduisit à travers la rue avec toutes les bénédictions qu'il méritait.

« Adieu, Agnès !

— Adieu, Ferdinand ! » s'étaient criés les innocents charmés l'un de l'autre.

On dansa longtemps encore après la cloche des loups. Grenade ne siffla jamais mieux ; le violon de Raoul fit des prodiges d'harmonie. Grand-père fut embrassé tant de fois et de si bon cœur par son petit despote, qu'il remit sa tristesse à une autre fois.

DIEU EST PARTOUT.

Du côté pauvre de la rue, la grand'mère avait dit : « Maintenant, mes enfants, louons Dieu ! nous dînerons cette fois à l'heure où dîne le riche, et nous le bénirons ; grâce à l'énergie du loyal enfant qui vient de faire un homme humain d'un avare, nous dînerons chaudement en paix, sans craindre les huissiers ni la geôle ; allons, tous mes aimés, suivez-moi ! » et l'on suivit cette mère dont le front rayonnait. Néanmoins, chacun se demanda en soi-même : « Avec quoi dînerons-nous puisque le pain et le feu manquent dans la maison ? » Cependant, on allait, parce que la confiance environnait l'aïeule, et que deux bougies allumées étaient de bon augure. L'oncle Jean portait Agnès en triomphe dans ses bras, et voilà que la chambre rouge, fermée à clef durant le jour, s'ouvrit toute grande : le feu pétillait, clair et gai, dans la cheminée; sept couverts animaient la table; le vin blanc, le vin rouge et le vin rosé brillaient dans trois flacons affilés, que l'on appelle, en Flandre, des religieuses; un cochon de lait fumait encore au milieu des salades fleuries avec d'autres mets choisis pour les enfants; et Just fit un entrechat !

Agnès, déposée au haut bout de la table, à côté de sa grand'mère, et apprise par elle, répéta de sa voix frêle : « O mon père! ô ma mère! ô tous! je vous bénis... Puis-je bénir Ferdinand? dit-elle en s'interrompant avec vivacité. — Oui, oui, oui, répondit-on de partout; vive Ferdinand et vive l'innocence! »

Il fut facile de deviner que l'oncle Jean était l'ordonnateur du festin, des lumières et du grand feu roulant, car il riait en serrant la main de son frère; son frère, dont l'âme plus mûre se dilatait dans la tendresse et le pardon, le regardait en père, voulant dire : Vous me rendez d'un coup tout le passé que je vous ai fait si beau ! — Et vous me recevez comme la Bible dit que fut reçu l'enfant prodigue.

« Pour cette fois, mon frère, interrompit la belle-sœur avec une teinte de tristesse, ce n'est pas nous qui avons tué le veau gras. »

Jean, dont la mémoire était vive comme le cœur, repartit en regardant Félix : « Hélas ! vous en avez beaucoup tué pour moi !

— Mangeons sans compter, mes enfants, dit l'aïeule, nous n'avons pas le temps de prendre des balances. C'est peut-être la dernière surprise que j'ai le bonheur de vous causer. » Et une larme tomba dans son verre qu'elle posa doucement pour se reprendre, tandis que les tendres yeux de ses enfants concentraient sur elle plus de rayons de vie qu'elle n'en pouvait souhaiter, elle, si vieille !

Et bientôt le rire de cette famille monta aux pieds de Dieu. Les pommes d'api des pauvres furent trouvées délicieuses ; mais, en se réjouissant de ce festin providentiel, il restait à savoir comment il était entré dans la maison, le matin même encore dénuée de tout, même de feu et d'espérance. Père, mère, enfants, furent émerveillés d'entendre le récit qu'en fit Just, coloré de la gloire d'avoir contribué à l'événement phénoménal.

S'il est permis de reprendre haleine un moment, c'est ici, tandis que la joie est rentrée dans les cœurs simples et génerenx, sous le toit du fier et loyal artisan; c'est après que nous avons vu l'avarice même, cette passion hideuse et dure, céder à l'ascendant irrésistible de la charité. On ne peut se recueillir devant un spectacle plus sérieux et plus doux; on ne peut retourner vers une époque plus regrettable que celle où l'on fêtait avec amour le charme divin de la vieillesse et de l'enfance. Dans les temps de respect pour les longues années de vertus, quelles femmes avaient peur de vieillir? Pas une; toutes se réfugiaient avec bonheur dans la reconnaissance de leurs enfants et de leurs petits-enfants; toutes entrevoyaient avec une foi religieuse la couronne suspendue sur leur vieillesse la plus courbée. Non, ces mères n'avaient pas peur de devenir moins belles, sûres qu'elles étaient de s'abriter et de s'éteindre dans les bras de leurs enfants pieux.

Qu'il soit salué des mères, le grand peintre de mœurs[1], plus modernes, plus ornées, dans

---

[1] M. de Balzac.

nos jours de civilisation et de luxe, mais qui garde au cœur, comme une goutte d'eau vive, le germe natif du saint amour ; qu'il soit loué pour avoir dit : « La femme, que nul homme ne peut voir sans penser à l'enfance, la femme, quel que soit son âge, m'inspire un respect : jeune, c'est ma sœur ; vieille, c'est ma mère ! »

Retournons un moment vers la maison bruyante au perron doré d'où s'élançait tout à l'heure une musique si perçante.

Ferdinand, après avoir dansé parmi les dames comme un perdu, dormit jusqu'au matin du sommeil du juste.

Mademoiselle Rodolphine Jonkey ayant erré tout le jour dans un carrosse, ensevelie et ennuyée au fond de ses fourrures, ignorant encore l'art de porter des mouches au visage, souffrit beaucoup pour enlever les siennes ; sa peau, très-délicate, fut très-endommagée ; elle pleura de dépit en se couchant.

Agnès, le teint rose comme ses pommes d'api, veilla parmi les grands jusqu'à minuit sur les genoux de son bon oncle Jean, partageant tout avec Just, qui aimait tout.

L'enfant du carrossier, dans le couvent en ruine, le pauvre petit Amé fut aussi très-heureux ; mais, comme il avait le plus souffert, il eut le vrai bonheur des anges, et fut le seul couronné. Après de légères convulsions vers le soir, on n'entendit plus son doux cri monotone: « J'ordonne que je voie ma mère! » Il fut trouvé silencieux dans le grand lit de cette mère absente, le sourire sur les traits, immobile et calme, tenant encore à deux bras serrée contre lui la cage qui avait apaisé son fiévreux caprice. Le premier vœu de l'enfant malade s'était réalisé sans effort ; en rêvant qu'il avait pris les ailes de l'oiseau, il s'était en allé revoir sa mère.

Ainsi s'accomplit, dans cette rue de Flandre, la volonté des innocents.

LA JEUNE FILLE ET L'OISEAU.

L'OISEAU.

Bonjour, la jeune fille !
Que fais-tu dans mon bois ?
Es-tu de la famille ?
On dirait qu'autrefois
J'ai chanté dans ta voix.

Moi, je nais : vite, vite,
De la mousse, un berceau ;
Il faut que je m'acquitte,
Par ce temps clair et beau,
De mon devoir d'oiseau.

Voler de fête en fête,
Sous les cieux éclatants,
C'est à fendre la tête,
Et l'on n'a pas le temps
De jouir du printemps.

Et toi, la jeune fille,
Que fais-tu dans mon bois ?
Es-tu de la famille ?
On dirait qu'autrefois
J'ai chanté dans ta voix.

LA JEUNE FILLE.

Bonjour, oiseau ! je pense
Te reconnaître aussi.
Tu vois : les fleurs, la danse,
Me tiennent en souci ;
C'est mon devoir aussi !

On ne veut pas comprendre.
Mais toi, tu comprendras:
Dis : pouvons-nous prétendre
Parmi tant d'embarras
A nous croiser les bras ?

Il faut rire, il faut vivre ;
On n'en vient pas à bout.
Croit-on que hors d'un livre
On n'apprend rien du tout ?
Pour moi, j'apprends partout !

— Bravo ! la jeune fille !
Je t'aime dans mon bois.
Vivons comme en famille,
Et chantons à la fois
Avec la même voix !

LES ÉTRENNES DE GUSTAVE.

Quoiqu'il n'y ait point ici d'enfant qui m'écoute, il me prend envie de raconter une histoire d'enfant, ou du moins de l'écrire, afin qu'après avoir réjoui ma mémoire, elle s'en aille tomber à l'aventure dans de chères petites oreilles qui l'écouteront, ou sous de jeunes yeux qui la liront comme une lettre à l'adresse de tous les enfants que j'aime.

Si c'est à toi, mon sage neveu Henry, qu'elle arrive parmi les joujous de la nouvelle année, je te prie de ne pas oublier ce qu'un de tes prochains, âgé de huit ans, fit un jour de ses étrennes. Tu me diras ce que tu en penses quand j'aurai le plaisir de te revoir et de causer avec toi sur les impressions que te laissent tes lectures. Je voudrais ne t'en envoyer que d'utiles pour te prouver plus grandement la tendre affection que je te porte.

La veille du jour d'un nouvel an, Gustave, plus riche qu'il n'avait été de sa vie, s'endormit aussi le plus tard qu'il lui fut possible, afin de penser longtemps à l'emploi futur de ses fonds, ces fonds qui dépassaient tout ce que possède d'ordinaire un enfant de son âge. Souviens-toi bien qu'il avait huit ans. Or, depuis une heure, il était devenu maître absolu de quatre pièces de cinq francs, c'est-à-dire d'une fortune colossale. Le matin même, il s'était éveillé pauvre, dégoûté de ses anciens joujous, qu'il regardait de travers, ne s'avouant pas que c'était lui qui les avait mis à l'état de vétérans où ils étaient arrivés en peu de mois. Le soir enfin il se couchait possesseur de vingt francs tout à lui; son grand-père, M. Amaury, les lui avait donnés pour ses étrennes avec sa bénédiction.

Tu comprendras, mon cher Henry, l'impatience avec laquelle Gustave sentit, durant le jour, rouler ces vingt francs au fond de sa poche. Vers dix heures du soir, les quatre écus reposaient sur son lit, dans le paletot qui les renfermait, et de ce paletot dont la forme ressemblait encore à Gustave, sortait une foule d'espérances, riante légion du trente et un décembre, entrant gaiement chez tous les enfants heureux comme Gustave.

La réflexion pourtant traversait de fois à

...... J'ai vingt Francs!...

autre cette armée agile, car le grand-père avait dit :

« Je suis content, mon garçon, de pouvoir te donner cette grosse somme ; elle est le produit de mes épargnes ; mais toi, tâche de l'employer de façon à ne pas la regretter. »

Gustave avait promis de tâcher, en embrassant de bon cœur son grand-père Amaury ; après quoi, courant vers sa mère pour lui confier son riche secret, il se haussa sur la pointe des pieds et lui dit à l'oreille : « J'ai vingt francs ! » Sa mère demeura fort surprise d'une générosité si grande.

« Que tu dois être reconnaissant, dit-elle à Gustave, de voir ton grand-père se priver de tant de choses, afin de te faire un pareil présent ! Il faut qu'il compte beaucoup sur ton bon naturel pour ne pas craindre de te gâter en te rendant si riche. Pense donc à lui prouver qu'il ne se trompe pas ! »

Gustave regarda plus sérieusement sa mère, et dit pour la seconde fois qu'il tâcherait ; puis il se remit à sauter de chambre en chambre, chantant entre ses dents sur un air qu'il faisait : « J'ai vingt francs ! j'ai vingt francs ! »

Et le cliquetis des pièces sonnait agréablement la mesure.

Il erra tout le soir au milieu des préparatifs du lendemain, essayant de réfléchir, parce que son grand-père le lui avait conseillé. Son grand-père avait sur lui plus d'empire que tous ses maîtres ; mais il regardait vainement autour de lui, devant lui, et par delà, il n'imaginait rien au monde de plus utile que des joujoux ; aussi resta-t-il comme enfermé dans un cercle de souhaits trop séduisants pour ne pas fasciner sa raison.

Fabry, l'aîné de la famille, élève de l'Ecole Polytechnique, entra tout à coup bruyamment pour embrasser ses parents. Dès que Gustave se trouva seul avec Fabry, qui s'assit parce qu'il avait déjà couru beaucoup, il sauta sur ses genoux et fit résonner fièrement les quatre pièces rondes. « Devine, dit-il ; j'ai vingt francs : l'as-tu deviné ?

— Sans doute, puisque tu me le dis. Il faut que tu aies bien rempli tes devoirs pour qu'on t'ait donné de si belles étrennes !

— Les veux-tu ? » demanda franchement Gustave. Fabry l'embrassa.

« J'ai les miennes, lui répondit-il ; bon père

Monte avec moi sur mon bon Cheval Ralph.......

ne m'a pas oublié. Mais dis-moi ce que tu feras de tant d'argent.

— Oh! j'en ferai de belles choses demain, au grand bazar des Capucines; il y a de tout dans ce passage. Tu m'y conduiras.

— Impossible. J'ai demain, pour tout le jour, des visites à crever un cheval.

— Alors, dit Gustave en prenant son parti, je m'enverrai par ma bonne. »

Tandis qu'il se creusait de nouveau l'esprit pour se rappeler les belles choses que l'on doit désirer quand on possède une grande fortune, tout le monde alla se coucher.

Avant de s'endormir, la tentation lui vint d'acheter un cheval vivant; mais la difficulté de le loger avec lui dans l'appartement, qu'il trouva trop petit pour la première fois de sa vie, le détourna de cette tendance. Il se rappela, de plus, avoir entendu dire qu'un cheval vivant coûtait de cinq à douze cents francs, et quarante par mois pour sa nourriture; il y renonça cette année. A la fin, tous les objets qu'il voulait choisir se mêlèrent, et tournèrent avec une telle confusion autour de sa tête qu'elle tomba sur l'oreiller; mais au lieu de sortir de ses projets dont il avait tant besoin de se reposer, il ne se reposa pas. Les rêves de la nuit furent remplis de jouets, tantôt distincts, tantôt dans l'ombre où les repoussaient de nouveaux venus, et leur encombrement brisait à chaque instant son sommeil. Des polichinelles riant aux éclats, des chevaux de bois qui couraient dans la ruelle de son lit, des soldats de plomb dont il était le général, formaient entre eux un tumulte à causer l'insomnie du plus dormeur des enfants. Gustave dormait très-bien d'habitude.

Les rêves allaient leur train. Le jeune capitaliste se battit courageusement contre un de ses grands vauriens de plomb révolté, qui lui enfonça son sabre dans les côtes avec une force si brutale, que le général Gustave se réveilla en poussant un grand cri.

« Traître de plomb fondu, attends !... » criat-il en ouvrant les yeux; il était moulu de fatigue, roulé en travers de son paletot et des couvertures en désordre. Une douleur vive qu'il ressentait au côté provenait des pièces de cinq francs, incrustées dans sa chair par les efforts qu'il venait d'accomplir pour se défendre contre son adversaire métallique.

Gustave, mécontent des soldats peints et vernissés, se promit de n'en point acheter un seul.

Enfin janvier sonnait sa huitième heure. Tout le jour fut rempli de visites. Faustine, la bonne de Gustave, avait beaucoup plus à faire dans la maison. Les coups de sonnette qui se succédaient l'obligeaient à courir continuellement de la cuisine à l'antichambre. Paris, au premier janvier, ressemble à une ville prise d'assaut. Gustave enivré suivait Faustine comme son guide et sa boussole. Il mourait d'impatience qu'elle redevînt sa bonne à lui tout seul ; mais ce ne fut que le soir d'un si long jour, déjà passé pourtant ! que Faustine fut laissée aux instances infatigables de son ami Gustave. Grosse et réjouie, Faustine aussi brûlait d'aller respirer le gaz mêlé à l'air piquant des boulevards. Par la rue des Trois-Frères, où demeurait Gustave, on s'y acheminait sans danger des voitures. Une belle gelée solide s'était étendue partout en guise de tapis, et les pieds bondissaient sur les dalles. La gelée, cette pelouse blanche de l'hiver, que les enfants préfèrent aux planchers cirés des appartements, rendait la promenade charmante. Des milliers d'allants et venants faisaient croire à Gustave que l'univers était en rendez-vous sous les arbres étincelants de givre, et Gustave voltigeait comme un moineau franc que la bise éveille.

« Si mon grand père Amaury ne demeurait pas si loin, cria-t-il tout d'un coup, il serait bien content de voir avec moi toute l'illumination. »

Toutefois, et nonobstant son courage, la foule les arrêta si longtemps au coin de la rue du Helder, encombrée de fiacres, qu'un souvenir d'enfance ressaisit tout à coup Gustave dont les pieds se glaçaient à rester en repos. Il demanda avec tant de prières et de sa voix mignarde d'autrefois à Faustine de le porter pour aller plus vite, que Faustine, l'aimant de tout son cœur, le prit à bras comme un bambin et s'efforça courageusement de pénétrer la foule avec son cher fardeau. D'abord il fut content, dorloté sous le tartan de cette bonne Faustine qui suait comme en été pour obéir au caprice de son petit maître ; mais la conscience reprit le cœur de Gustave, et Faustine l'entendit soupirer plusieurs fois.

« Eh bien, qu'est-ce que nous avons donc encore ? dit-elle ; vous soupirez comme si vous me portiez vous-même ; ça va-t-il bientôt finir, quoi donc ?

— Ecoute, Faustine, c'est que j'ai mal fait de faire le petit bonhomme; mets-moi par terre; car je t'ai dit que je n'en pouvais plus, et j'en peux, » ajouta-t-il en glissant des bras de Faustine, qui lui donna un gros baiser sonore, louange bruyante de sa loyauté.

Il eut le vertige en entrant au grand bazar des Capucines. Un rassemblement immobile de marionnettes brillantes semblait de toutes parts lui crier : Achète-moi! moi! moi! et Gustave se supposait assez opulent pour les acheter toutes; pourtant, il ne se décidait à rien. Une heure se passa dans les délices d'un millionnaire qui dit : Si je veux !...

Ces longues indécisions amusaient beaucoup Faustine. Elle regardait finement du coin de l'œil le grand-père Amaury, qui s'amusait à distance, et comme un roi, des ravissements de Gustave. M. Amaury venait de faire signe à sa bonne de ne point paraître l'avoir vu. Elle, qui ne prétendait à rien du tout, qu'aux étrennes des yeux, ne demandait pas mieux de les prolonger, et se régalait de l'éclat des lumières, comme d'une représentation gratis à la Porte Saint-Martin.

L'attention de Gustave se fixa tout à coup,

sur un groupe de trois enfants, surveillés par leur mère. Ils étaient là, muets d'admiration, devant des vaches et des moutons roulants, qui leur paraissaient presque aussi animés qu'eux-mêmes, mieux vêtus, hélas! Jamais ces pauvres garçons n'avaient admiré rien de si beau. Une maigreur extrême attestait l'indigence des petits promeneurs; et les vêtements de la mère redisaient la même détresse.

« Je n'aimerais pas ces vaches ni ces moutons, dit Gustave à Faustine. J'en ai eu des tas l'an passé; eh bien, j'étais obligé de les traîner pour les faire marcher.

— Pardi! faut toujours bien se donner un peu de peine pour avoir du plaisir, répondit Faustine.

— Oui, mais ces choses-là, vois-tu, c'est du carton; et vous avez beau les aimer, jamais elles ne vous le rendent.

— Ah! bah! faut pas y regarder de si près, ça fait toujours un peu semblant; mais vous les avez abattus comme à la boucherie, poursuivit en riant Faustine, c'est pas la peine d'y mettre de l'argent. »

Les regards mélancoliques des petits prolétaires disaient autant que leurs habits qu'ils n'acheteraient pas; et comme ils occupaient une grande place devant le magasin sans porte, le marchand faisant tourner sur leurs têtes chétives une longue baguette menaçante, les força de s'éloigner avec un : En route! qui glaça de crainte les trois créatures sans étrennes. Leur mère en fut plus contristée encore.

« Moi je veux qu'ils regardent, dit résolument Gustave en les plaçant avec vivacité devant les moutons et les vaches. Je veux qu'ils achètent leurs étrennes. Je veux qu'ils soient contents!

—Monsieur, répliqua le marchand plus traitable, saluant et redoublant d'égards pour Gustave, qui avait des gants et un cache-nez; ces messieurs n'ont qu'à choisir; si vous les connaissez, et si vous répondez qu'ils peuvent payer, nous sommes d'acord.

—Ils peuvent acheter, répondit Gustave, dont les idées avaient de la rectitude, et moi, je peux payer. Combien les moutons? Combien les vaches? » Il tirait, en parlant ainsi, les quatre pièces de cinq francs hors de la poche de son paletot.

Le marchand, plus étonné encore, interrogea des yeux la bonne qui n'objecta rien. Par l'ordre exprès de M. Amaury, elle devait laisser à Gustave le libre emploi de son argent; elle en était d'autant moins inquiète, que son vieux maître épiait, à dix pas de là, ce que faisait et disait Gustave. Dès lors, le marchand rempli de déférence pour le jeune monsieur ganté, s'empressa d'encourager agréablement l'hésitation des jeunes indigents qui n'osaient être heureux.

Tu n'as rien vu, mon cher Henry, n'ayant pas vu la joie innocente des trois enfants de la femme timide. Les yeux de cette mère s'agrandissaient comme étonnés de briller de plaisir; le bleu terne de ces yeux-là ressemblait à de certaines fleurs qui s'ouvrent sans voir le soleil. Le soleil en ce moment, pour elle, c'était la mine enchantée de ses chers enfants, et ses yeux creux rayonnèrent de joie.

Toutefois, son honnête misère voulait s'opposer aux prodigalités de Gustave; mais Faustine, en la poussant du coude, lui dit : « Laissez donc; s'il veut faire cet usage-là de son argent, il n'en sera pas plus mal reçu chez son père. Qu'il aille! ça le regarde. »

Le marchand respira. Il se mit à calculer, si heureusement, pour ses intérêts, le montant de trois moutons et de trois vaches, que pour douze francs elles allèrent réchauffer les poitrines presque nues de leurs nouveaux possesseurs.

Gustave donna douze francs, et se frotta les mains. Faustine cependant, pour faire un peu d'autorité, s'avisa de lui glisser dans l'oreille :

« C'est que ça ne se fait pas cuire, ces petits bestiaux-là. C'est bon pour les enfants riches. A ceux-ci vaudrait mieux des bonnets. Voyez ! à force de froid, leurs cheveux sont droits comme des fusils. »

Gustave les examina consterné ; et les enfants, pleins de trouble, avancèrent leurs trésors pour les rendre.

« Ils n'auraient donc pas d'étrennes ? répliqua Gustave, pleurant presque. Est-ce que des bonnets sont des étrennes ? tous les hommes en ont quand il fait froid. » Et Faustine dit : « C'est vrai ; mais ces marmots n'en ont pas, et c'est pas faute d'urgence, vraiment !

— J'ai huit francs, repartit Gustave, et voilà des bonnets grecs. Monsieur le marchand, combien les bonnets grecs ? »

La mère tremblait de surprise et d'espoir.

« Monsieur, répondit avec empressement

l'homme du comptoir, choisissant les plus chauds et les plus solides, tenez, monsieur, en faveur de la levée que vous faites dans mon magasin, ces trois bons bonnets, à vingt pour cent au-dessous du cours, vous seront adjugés pour huit francs net et sans un centime de plus. »

L'honnête marchand savait que Gustave n'en possédait pas davantage.

« Eh bien, voilà ! » s'écria Gustave, les retirant de sa poche pour les donner avec un redoublement de joie.

En un clin d'œil les trois bonnets grecs s'enfoncèrent jusqu'aux oreilles des trois enfants transis. Ils ne parlaient pas dans le ravissement de leur âme, mais les regards qu'ils attachaient tour à tour sur Gustave et sur leur mère disaient tout ce que demandait Gustave : Ces regards disaient qu'ils étaient bien contents !

Ainsi chacun partit de son côté.

« En voilà, de l'ouvrage ! Vous allez donc revenir sans rien ? demanda Faustine à son jeune maître.

— C'est mon droit ; j'ai eu bien du plaisir, et bon papa n'est jamais en colère quand on donne.

— Approuvé, dit le grand-père en saisissant

la main de Gustave qui poussa un cri charmant :

— N'est-ce pas, bon papa, que tu voudras bien, l'année prochaine, me laisser acheter un cheval vivant ? Vois-tu, bon père, je n'aurai jamais plus que des joujous vivants; pour cette année, il m'en reste encore beaucoup de boiteux et sans bras ; je les recollerai et tu m'aideras à les faire tenir sur leurs jambes; on peut très-bien s'en contenter encore.

— Nous les remettrons sur leurs jambes, » dit gravement le grand-père Amaury, en serrant dans sa poche l'adresse qu'il avait crayonnée de l'humble mère aux trois fils. Leur poignante infortune l'avait profondément touché. Il pensait, avec raison sans doute, que la Providence les avait envoyés à son petit-fils comme à lui-même, afin de les secourir utilement, et il n'avait pas voulu perdre leur trace.

« Et mes étrennes, cette fois, continua Gustave, ce sera d'avoir vu rire les trois enfants pâles ! »

Voilà, mon sage neveu Henry, ce que Gustave a fait de ses étrennes.

LA PETITE PLEUREUSE A SA MÈRE.

On m'appelle enfant,
Et l'on me défend
De pleurer quand bon me semble ;
On dit que les fleurs
Sèchent bien des pleurs ;
Moi, je mêle tout ensemble !

De plus grandes que moi, sous un air gracieux,
Ont la bouche riante et les larmes aux yeux !

C'est triste aussi de rire sans envie.
C'est bien assez quand on a du plaisir.
Je sais déjà qu'on n'est pas dans la vie
Pour y danser au gré de son désir :

Au bal, sous ses bouquets, j'ai vu pleurer ma mère ;
J'ai goûté cette larme... elle était bien amère !

Quand j'ai trop dansé,
Quand mon pied lassé
Me défend d'être bien aise,
L'ennui qui me prend
M'arrête en courant,
Et je pleure sur ma chaise.

Ainsi, laisse-moi,
Maman, comme toi,
Pleurer lorsque bon me semble;
Tu sais que les fleurs
Cachent bien des pleurs ;
Nous mêlerons tout ensemble.

Mais je t'aime ! et je vais prier Dieu tous les jours,
De m'égayer un peu, pour t'égayer toujours !

CLOCHETIN

OU LE ROYAUME DE SA-SA.

Albert n'avait pas le goût des livres sérieux, il n'aimait que les contes de fées, qui ne laissent dans l'esprit aucun germe solide. Les maîtres d'Albert lui disaient pourtant que ces lectures sont pareilles aux fleurs sans racines, ne donnant point de fruits et tombant au premier souffle de la saison. Sa mère aussi lui avait déclaré franchement que sa passion frivole ressemblait à l'appétit des estomacs fantasques, plus épris de friandises que d'une nourriture solide, qui forme un sang généreux, et que les livres vrais développent un jugement fort : ces conseils étaient perdus; Albert n'en voulait pas entendre parler. Il disait à sa sœur Suzette : « J'aime mieux les gâteaux que le pain, et j'ai raison, puisqu'on nous donne des gâ-

teaux seulement aux jours de fête, quand nous avons été bien sages.

— Mais, répliquait Suzette, si c'était fête tous les jours, tu finirais par être malade à force de manger des gâteaux. »

Albert, sans lui répondre, se remettait à lire assidûment sa bibliothèque bleue, regrettant qu'au lieu de mille et une nuits, trésor divertissant de fictions orientales passé dans notre langue, on n'en possédât pas dix mille et davantage. Enfin, l'étude lui semblait un sillon aride s'il n'était égayé par Chat botté, le héros de son cœur; Serpentin vert, ou le Prince Charmant. Un livre sans images peintes lui paraissait froid et comme inhabité. Il restait les bras croisés devant les cartes de géographie et de calcul, et devenait tout pâle d'ennui, pareil à un frileux immobile devant un taillis où il n'ose porter la hache, sans s'avouer qu'une bonne coupe de ramées le réchaufferait jusqu'aux os s'il avait le courage de l'abattre et de l'emporter au logis.

Il faut aussi que l'on sache, pour la justification d'Albert, que sa nourrice, grand amateur des contes de sorciers et de revenants, lui prodiguait, depuis le berceau, l'aliment peu substantiel de ces hors-d'œuvre. Cette excellente femme, qui n'avait de lumière que pour donner du bon lait à son nourrisson et pour l'aimer de tout son cœur, s'obstinait à fortifier en lui le penchant au merveilleux, que nous possédons tous dans quelque coin de nous-mêmes, et le tenait éveillé chaque soir beaucoup trop longtemps dans l'intérêt de la santé d'Albert. Elle se serait presque privée de sommeil et du bienfait de la prière pour l'entendre lire les contes effrayants qui les tenaient en extase durant des heures entières. Ces lectures à voix haute le fatiguaient beaucoup, tant il criait par l'ardeur de connaître tant de merveilles.

Il courut un jour avec empressement vers Suzette, qui, tenant devant elle un livre ouvert, écrivait sur ses genoux et paraissait copier dans le livre quelque chose qui l'intéressait beaucoup. Albert s'aperçut avec chagrin que le livre était anglais, car s'étant bien gardé d'en apprendre l'alphabet, il eut honte de voir que sa sœur le traduisait couramment et fut tenté de s'en aller; mais comme le livre renfermait de belles gravures coloriées, il espéra qu'elles annonçaient des contes de fées et pria Suzette de les lui lire en français. Suzette ne le fit pas attendre; elle aimait son frère avec un grand dévouement et se flattait de l'amener bientôt à traduire avec elle cette langue qu'il avait prise en aversion parce qu'il fallait l'apprendre. Albert prêta donc l'oreille à ce petit travail de sa sœur :

J'aime beaucoup la belle vache noire
Qui donne son lait pour tremper notre pain.
Elle en donne, chaque jour et chaque soir,
De ce bon lait chaud, frais et blanc !
O belle vache noire !
Ne va pas ruminer la ciguë ni les mauvaises plantes
A l'odeur forte, venant dans les fonds marécageux et verdâtres ;
Va manger la primevère jaune qui fait le lait très-doux ;
Va dans les prés où les bulles d'eau bouillonnent sous l'herbe,
Où les violettes s'ouvrent et sentent bon ;
Va, belle vache noire, vas-y, et dîne !

« Après ? demanda impatiemment l'écolier, découragé de ce début, insignifiant, selon son goût.

— C'est tout, dit simplement Suzette ; c'est la belle vache noire. Est-ce qu'elle ne te rappelle pas celle de ta bonne nourrice ?

— Si ; mais dans un livre imprimé peut-on parler de vache ? Lis donc l'autre histoire, pour voir ; car si tu comptes sur celle-ci pour me faire étudier l'anglais, tu te trompes.

— Eh bien ! écoute le pauvre rouge-gorge :

Blessé par une flèche, le rouge-gorge est mort !
Il est devenu corps, le petit chanteur ;
Il repose immobile et renversé.
Jamais plus il n'enflera son gosier sonore comme un chalumeau de la vallée.
Le rouge-gorge ne charmera plus notre oreille par ses notes plaintives ;
Ses ailes, qui battaient contre la fenêtre ;
N'y viendront plus chercher dans l'hiver une retraite attiédie ;
Il ne becquetera plus les miettes répandues au foyer par les enfants.
La rage d'une flèche a frappé le rouge-gorge.
Le charmant volatile a rendu son souffle musical,
Et le voilà muet, serré dans les doigts de la mort :
Ami de l'innocence, souris et pleure !

Et Suzette, le cœur gros, se couvrit les yeux de ses deux mains, n'en pouvant plus d'envie de pleurer.

« Allons donc, dit Albert, c'est tout uni cela ! On en voit par milliers des oiseaux. Comment, tous ces gros livres anglais n'ont pas un seul dragon volant ? pas une tour de cristal ? pas une caverne enchantée? Rien donc? Tiens, laisse-moi tranquille, car j'ai un mal de tête affreux d'avoir passé mon temps à si peu de chose et je suis très-agacé. »

Il arriva naturellement qu'il n'eut pas un prix à l'époque des examens de son école; qu'il y fut sévèrement humilié, et jeté insensiblement dans l'étrange aventure que je vais te raconter, mon cher neveu. Je l'ai gardée en réserve pour la soumettre aux réflexions de quelque enfant plus sage qu'Albert; et je ne crois pas que mon amitié me trompe en me disant que cet enfant-là, c'est toi.

Tu sauras plus tard par quel événement Albert, renvoyé avec honte de la classe, au temps des vacances, traversa de nuit un bois sombre et désert. Les ténèbres y grandissaient de plus en plus, se déroulant sur le flanc de la montagne; une belle montagne qu'Albert avait l'intention de gravir, l'entrevoyant par-ci par-là sous de charmants reflets de lune, qui luisaient à travers les branches frissonnantes des arbres. Le chant des feuilles était gai, leur bruit et celui d'un ruisseau courant semblaient chuchoter *bonsoir !* à la planète silencieuse qui passait, se mirant à la surface de l'eau, en compagnie de toutes les étoiles dont les rayons blancs rendaient l'obscurité visible.

Albert courait çà et là, tantôt cueillant une fleur inconnue, tantôt s'arrêtant pour écouter le rossignol. « Quel bon moment pour voir apparaître une fée! un génie! un gnome! » pensait-il à part lui. Ne voyant rien venir, il chanta, dans l'espoir d'attirer l'attention de quelque prince des bois ou de l'air. Sa chanson, qui n'est point parvenue jusqu'à nous, ne fut saluée que par l'apparition d'une lueur douce errant dans l'herbe. Il y court, et voit à regret que ce n'est qu'un ver luisant, promenant sa lampe sous un labyrinthe de fleurs, pour y attirer un être semblable à lui.

Faute de mieux, Albert avance hardiment la main et va saisir la petite lanterne sourde, quand soudain l'insecte, qui s'est senti toucher, grandit, grandit, s'élève, monte, et comme pour obéir aux vœux fervents d'Albert, se transforme en un diablotin couleur orange, dont le rire tintait, pareil à une clochette d'argent : drelinn! dinn! dinn!

Tandis que l'étrange personnage plante en terre son sceptre d'acier bleuâtre, de la forme d'un trident, il adresse distinctement cette question à l'écolier, qu'elle fait tressaillir de joie en lui perçant l'oreille :

« Albert ! que fais-tu seul dans le bois ?... Toute la forêt retentit de cette voix métallique.

— Je cours, je joue, et je suis content, dit Albert, qui n'avait pas peur, d'abord, parce qu'il était ravi de l'apparition du diablotin, et qu'il avait enfin la preuve que ses lectures féeriques étaient aussi de l'histoire.

— Tu seras encore plus content si tu veux me suivre dans mon beau royaume, repartit gaiement le génie nain en faisant sonner ses éperons d'or : drelinn ! dinn ! dinn ! Monte avec moi sur mon bon cheval Ralph !... Ecoute le bruit de ses naseaux quand il voyage dans l'air : fri ! fra ! fri ! fra ! et quand il voyage dans l'eau : frelique ! frelaque ! frelique ! frelaque ! et dans la terre : pimm ! poumm ! pim ! poumm ! et dans le feu : cling ! clag ! cling ! clache !!! »

Et voilà qu'aux paroles stridentes du roi des Orangers se montre tout à coup un poulain noir aux ailes de dragon. Ses narines lancent des étincelles bruyantes comme des capsules ; il frappe du pied, caracole avec impatience en agitant sa selle plus rouge que le corail. L'enfant hésite encore ; mais la grâce du cheval le décide ; il se laisse mettre en croupe par le cavalier aventureux, tandis qu'il ne tremble, à chaque secousse, que de rester en si beau chemin.

Pouff!... la terre s'ouvre, et Ralph vole dans ses flancs aussi vite que dans l'air... pata houmm!... Les fers dentelés du poulain laissent leur trace phosphorescente à la crête des sillons, en illuminant le souterrain qui s'élargit par miracle devant lui. Des mandragores envieuses, à demi réveillées, des gnomes curieux et des oiseaux sans ailes criaient aux trois passants rapides : «Où allez-vous? Vos passe-ports, s'il vous plaît ! »

Tout à coup Ralph fait un bond prodigieux pour trouer une montagne; il y passe comme un fil au travers d'une aiguille, et sème un nouveau sentier lumineux dans l'air qu'il arpente, laisssant fuir derrière lui les fleuves, les monts, les vallées creuses, qui diminuent au regard, allant se joindre au niveau des horizons bleus.

Le diablotin, devenu silencieux, tire alors de sa poche un porte-cigare en topaze brûlée. Il le remplit de vétiver et d'ambre jaune, et se met à fumer bruyamment, envoyant des bouffées d'un parfum chaud dans le nez et dans la chevelure noire d'Albert, qui, n'ayant aucune habitude de ces flocons de fumée, se sent forcé d'éternuer sans pouvoir se retenir. « Dieu vous bénisse! » lui dit en passant une tourterelle du fond de son nid, dont la voix ressemble étrangement à celle de Suzette sa sœur. Albert eût voulu s'arrêter pour lui dire : Merci! mais, fri! fra! fri! fra! de temps à autre le diablotin crache une étincelle, et, pour reprendre haleine, boit dans une perle creuse. Savez-vous ce qu'il boit? Rien moins que de l'opale gazeuse et du diamant liquide, dont il n'offre pas une goutte au voyageur qu'il emporte, et qui a soif. Albert n'eût osé, pour sa vie, lui demander à boire ni lui adresser la moindre question; ce qui fait qu'il ne savait pas encore que c'était là Clochetin, empereur du royaume de Sa-Sa, sur le cheval duquel il avait l'honneur de galoper, loin de la maison paternelle. — On marche, on court, on vole aussi rapidement que les sorcières du Nord, montées sur les tamis et les balais de sureau sans moelle.

Mais voilà qu'au loin flotte un nuage vert d'eau, moiré des reflets de l'émeraude; en même temps Ralph hennit sur le ton d'une armée qui rit aux éclats; puis il entre par une longue fente verte dans le léger royaume de Sa-Sa; car c'était en vérité le royaume de Sa-Sa. Albert respirait à peine, tant la curiosité le possédait, lorsqu'une foule de sujets orangés, gros et ronds comme la pomme jaune de l'Orient, vinrent saluer le monarque en se tirant trois fois l'oreille gauche, qui, par suite de cet exercice courtisanesque, était devenue infiniment plus longue que la droite. Cette oreille adulatrice se terminait par une sonnette, soit en argent, soit en cristal, soit en cuivre, suivant la fortune du courtisan à qui elle était indispensable, par la raison qu'elle simulait une flatterie en jeu de mots sur le nom de leur roi Clochetin. Les louangeurs avaient beau toutefois se tirer démesurément l'oreille, cette clochette, en quelque métal qu'elle fût, ne rendait qu'un son enroué, qui ne plut pas à l'enfant véridique.

Clochetin, voulant se rendre populaire, tira pareillement son oreille pour leur répondre dans la même langue et les payer de la même monnaie. A tout prendre, sa clochette royale n'avait pas un son plus pur que les autres; mais elle fut couverte d'applaudissements; les sujets flatteurs et flattés, sautant et pirouettant à pieds joints, crièrent à tue-tête : « Tin! tin! tin!... Vive Clochetin! »

Un écuyer, fendant l'air et la foule comme un faucon qui a rompu sa chaîne, vint tendre aux voyageurs son genou, sur lequel le monarque fit descendre Albert de plus en plus reconnaissant.

Aussitôt Ralph disparut avec l'écuyer haut de trois cigarettes. Pendant qu'il se faisait épousseter avec soin, le roi du nuage invita l'enfant à prendre un repas dans son palais :

Albert était au désespoir de n'avoir pas faim ; il souffrait au creux de l'estomac, à cause peut-être de toutes ces merveilles qui excitaient en lui trop d'admiration. Néanmoins, comme il espérait retrouver de l'appétit après l'exercice violent du cheval, il répondit avec soumission : « Je le veux bien. »

On pressa pour lors la toilette du roi; ses bottines de peau d'aspic furent lustrées avec un vernis transparent, qui les fit brillantes comme des miroirs. Elles étaient infiniment trop étroites, comme il convient à un prince élégant qui donne le ton et qui va dîner en public. On y alla au son de flûtes de cristal et d'instruments aériens, parmi lesquels Albert fut étonné d'entendre un violon qui jouait faux comme celui du maître de musique de sa pension. « Oh! les belles choses! disait-il en regardant de ses grands yeux les lambris de nacre fleuragés d'émail bleu, les tables d'agate et de malachite, d'un vert à reposer les yeux les plus éblouis du monde, et les vins bouillonnants, dont les rayons pourpres ruisselaient sur les nappes de toile de Hollande garnies de dentelles, marquées en perles d'Orient, au nom de Clochetin, par une grande fée de ses amies.

On plaça tout autour du buffet les musiciens habiles et altérés, pour les exciter à bien jouer, par l'arôme de liqueurs extrêmement fines. L'harmonie fut d'abord sourde et lente; elle n'éclata qu'au dessert, à la manière d'un coup de tambour. Le nuage bondissait de folle joie. Albert, dont l'imagination trottait sur la mesure d'une polka de sa sœur et du galop de Ralph, disait toujours en lui-même : « Non, il n'y a pas de collége au monde qui puisse donner un pareil divertissement! non, je n'aime pas le collége, je n'aime que le royaume de Sa-Sa! » Puis il mangeait, comme malgré lui, d'une crême d'or, pralinée d'amandes de cacao ; des pistaches sautées dans du lait de gazelle, des bonbons d'Aboukir, flottant dans un extrait de thé impérial; des caramels de roses, fondant sous le regard; enfin, des pêches plus grosses que la tête du monarque. Albert désirait vivement reporter un peu de toutes ces choses à sa mère, car, au milieu de sa fièvre enchantée, Albert pensait fréquemment à sa mère. Pourtant le dîner se prolongeait sans mesure, sans ennui.

Qui est-ce qui servait ce repas royal?

— Personne. On disait : Je veux ceci, je veux cela; et le mets intelligent ne se faisait pas attendre; il se posait de lui-même devant l'appétit réveillé du convive. Mais, au bout du compte, rassasié, surchargé, bourré de mille autres délices, qui ne se trouvent que dans les royaumes les plus près du ciel, le roi Clochetin se leva; haussant d'une main son verre de Bohême, et de l'autre prenant la main du jeune touriste, il but largement à son heureux voyage.

— Tinn! tinn! tinn! crièrent les invités, ivres de dévouement; et se touchant l'oreille droite pour saluer Albert, ils s'entrelacèrent par leurs bras menus pour exécuter une sarabande vive, appelée *la Pain-d'Épice*. Parcourant ainsi la salle dans l'ordre serré des petits bons hommes de pain d'épice ornés d'une plume, que l'on vend un liard sur la terre ; les orangers tournaient, valsaient, galopaient ; puis, saluant en masse de tout leur corps à la foi, ils crièrent : — Albert ! Albert aura le prix de lecture, d'obéissance et de grammaire ; par la protection du puissant Clochetin, Albert aura la croix sans s'être donné la moindre peine pour l'obtenir.

— Un moment ! ce serait trop fort ! cria le maître de la pension d'Albert, qu'il reconnut distinctement à travers une porte du nuage ; je ne souffrirai point que, dans mon pensionnat, le moindre prix soit enlevé par la faveur ; celle du roi même n'ébranlerait pas ma justice. Tant pis pour Albert s'il a été humilié par la distribution loyale de nos récompenses ; son tort est de n'en avoir mérité aucune. Qu'il renonce aux billevesées qui lui troublent le cerveau ; qu'il apprenne la géographie, l'histoire, l'arithmétique ; qu'il orne sa mémoire et forme son langage avec la prose admirable de Buffon, les vers ou plutôt les idées immortelles de la Fontaine et de Corneille ; nous l'admettrons alors au concours où viennent de se distinguer ses camarades. Puisque Albert est destiné comme nous à vivre avec les hommes de la terre, il faut qu'il en apprenne les formes, les vertus et les mœurs. Ce n'est pas dans les régions imaginaires de la féerie et des enchantements que nos fils trouvent à s'établir ni à se créer une réputation solide. Notre petit songe-creux doit donc entrer simplement dans la voie de tout le monde, sinon je serai forcé de le renvoyer à sa famille.

A cette sortie inattendue contre Albert, tous les convives étaient restés silencieux ; on le regardait avec moins de considération, ce qui lui perça le cœur et lui fit monter le rouge au visage.

— Mais, monsieur, répondit une voix douce, faites attention qu'Albert n'est pas en état de nous entendre en ce moment ; il est menacé de la rougeole et son sommeil est agité. Que votre bonté nous accorde un peu de temps avant de le soumettre à votre rigueur salutaire ; je l'aime trop pour ne pas vous seconder encore de tout mon pouvoir ; un peu de temps, monsieur, un peu de temps, je vous en conjure !

Il était évident que la mère d'Albert venait de parler ; mais comment se trouvait-elle avec son maître dans le vestibule de la salle du festin? Albert ne pouvait s'en rendre compte. Il lui sembla, pour un moment, qu'il vivait double. Être ainsi tout à la fois avec sa mère et chez un roi, lui devenait on ne peut plus incompréhensible.

Il tremblait aussi que Clochetin ne s'offensât de cette discussion un peu longue et sérieuse pour les habitudes légères du nuage. En effet, les courtisans échangeaient entre eux un sourire de dédain, tandis qu'ils se taisaient par l'ascendant que prend toujours la raison sur la folie. Ce silence fit que la réponse du maître fut entendue aussi clairement que s'il eût parlé au milieu de la chambre.

—Vous êtes une excellente mère, madame; je ne crains donc pas de vous dire toute la vérité sur Albert, pour nous aider mutuellement à le guérir. Le mouvement intérieur de l'émulation lui manque; ce qui lui en tient lieu, voulez-vous le savoir? C'est la secrète espérance qu'un géant attendri, ou Riquet à la houppe, lui rendant un jour amitié pour amitié, pourvoiront à tout dans sa vie, où il n'aura qu'à regarder l'eau courir et l'oiseau monter dans l'air. Erreur déplorable, madame, qui fausse beaucoup de jeunes esprits. Il est à craindre que celui d'Albert ne mûrisse que bien tard à l'étude. Mais, pour vous prouver que je ne veux pas asservir trop tôt votre enfant aux travaux sérieux dont il a maintenant une si grande horreur, je vous prie d'entendre ce que nous faisons apprendre aux plus petits pour les mener par une pente douce à la science de la nature. Cette science est trop belle pour la revêtir du merveilleux dont Albert se fait un bonheur nuisible. Voulez-vous lire, mademoiselle Suzette? — Je le veux bien, monsieur. Et la voix de Suzette mit le comble à l'étonnement d'Albert.

LA MÉMOIRE D'UN OISEAU.

« Une frêle créature de Dieu, l'oiseau d'un champ, roulé dans le vent de l'orage, fut relevé parmi les sillons, et secouru par un homme compatissant, car il y a des hommes compatissants. Celui-là, doux au faible, ne voulut prendre aucune nourriture qu'il n'eût auparavant sauvé le passereau. Il ôta l'argile de son aile qui traînait, la lui remit comme eût fait Dieu dans sa bonté; le réchauffa de son haleine, lui donna la semence fortifiante; puis il lui dit: Vole !... Pour lors, son jeune hôte remonta joyeux vers le ciel, raconter un peu de sa vie d'oiseau, et chanta! A quelque temps de là, l'homme, qui se ressouvient, ne le voyant plus reparaître alentour, dit en lui : « La mémoire d'un oiseau, où » est-elle? »

« Et voilà qu'il entend becqueter vivement contre sa fenêtre; il l'ouvre... Dieu lui répondait! Le passereau du champ lui en amenait un autre traînant l'aile, quasi mort, comme autrefois il l'avait été lui-même. Mais, pour lors, tout zélé, tout guéri, tout alerte, il voleta de l'épaule de l'homme à son ami sanglant, regardant l'un, puis regardant l'autre, qu'il semblait recommander éloquemment au Samaritain des oiseaux. L'homme vit cela, et ses yeux se mouillèrent.

« Sur quel cœur, en effet, son image était-elle mieux gravée que sur ce cœur d'oiseau? »

— Présentement, donne à boire à ton frère, dit la mère à la jeune fille, qui avait fini de lire.

Albert ne put se défendre d'un peu de courroux en s'apercevant que la voix de Suzette, qu'il aimait, venait de plonger l'assemblée dans un profond sommeil. Il se crut destiné à toutes sortes de mortifications, et celle-ci l'atteignit dans le cœur. Dès lors, une sympathie profonde le rappela vers les personnes de sa maison, qu'il entendait sans les voir. Le royaume de Sa-Sa lui plaisait encore, il est vrai ; il y était heureux, mais heureux sur la pointe du pied, si l'on ose s'exprimer ainsi ; cette fête engourdie commençait à le charmer moins que dans son début de la forêt aux fleurs.

Toutefois, les musiciens ne dormaient que d'un œil. Le voisinage du buffet et des flacons transparents, pleins de vins doux et limpides, éveillait en eux une grande soif. Las d'attendre qu'on les servît, ils se résolurent à se servir eux-mêmes. Par malheur, en avançant les bras, leurs instruments tombèrent avec un bruit qui réveilla tout le royaume. Alors, pour n'être pas soupçonnés d'avoir voulu se désaltérer trop familièrement, ils se mirent à jouer d'une façon énergique, et comme si de rien n'était. Bientôt les lustres, les plats, les carafons, le cheval, les écuyers, les courtisans entrèrent en danse, et ce fut un galop d'autant plus emporté, que le roi, en tête de la bande, en stimulait la rapidité par son exemple. Les murs semblaient tourner au rebours ; Albert dansait de force ; il eût peut-être toujours dansé, si un fracas formidable n'eût eu lieu tout à coup au milieu du bal : le palais craque, se brise et roule en débris par les nues ; Albert tombe comme un ballon perdu, et Ralph tombe sur lui : pliff! plafl! pouff! Tout se heurte contre terre.

A la lueur d'une veilleuse, qui lui rappelle celle qu'on allume quand quelqu'un est malade au logis, l'enfant croit reconnaître sa maison et son lit, d'où il vient de tomber dans la ruelle. D'abord il se figure qu'il sort d'entendre lire un conte fantastique ; mais il revoit toutes les clochettes du roi suspendues au gland d'un rideau bleu, où ses mouvements les agitent comme s'il sonnait au feu ; c'était donc bien le tapage épouvantable de la chute de Sa-Sa qui occasionnait celui du sabre et du polichinelle qu'Albert avait décrochés en dégringolant du ciel pour se délivrer de Ralph. Il crut que sa mère accourait au milieu du désordre, et le recouchait en baisant ses yeux baignés de sommeil ; il s'efforça, mais il ne parvint pas à les ouvrir, non plus que ses lèvres serrées par la crainte.

Frrrrrou!!! dans quelle sombre région il rentre ! on ne distingue plus rien : du vert, du rose, de l'orange, des formes vagues, des carrés, des cercles, des ovales, des angles, des cartes de géographie, des têtes, des bras, des lumières, enfin de petits hommes de chair, et d'autres de pain d'épice; un roi, tournant encore, mais plus lentement, autour des yeux d'Albert; puis tout s'efface de nouveau parmi l'obscurité.

Le voilà transporté sur un globe où la nuit règne encore; il s'y acclimate rapidement et s'abandonne au cours de l'eau dans une barque qui peut à peine le contenir, bien que raccourci de tout son pouvoir et pelotonné jusqu'à manquer d'haleine. Par degrés les flots résistent, montent et rasent les bords du bateau, qui s'enfonce, disparaît, et continue son voyage sous l'eau plaintive, dont les sanglots disent : « Mais c'est affreux ce que vous faites là, mon enfant! voyager toujours sans passe-port et sans connaître la géographie! Savez-vous que je ne suis pas toujours maîtresse de sauver ceux qui se jettent ainsi dans mes bras? » Qu'importe, puisque Albert y glisse comme une dorade! Un joli petit poisson rouge vient le narguer; d'autres plus clairs que le diamant, nagent autour de lui et clapotent en lui jetant des coquilles et des globules au visage ; et la barque file, file toujours... Chut! la voilà qui s'ébranle, et l'enfant moins hardi se retient à la proue ; il appelle des yeux une enseigne qu'il a vue au pied du Pont-Neuf, avec ces mots : « Secours aux nageurs imprudents. » Pas plus d'enseigne que de mariniers. Soudain la barque agitée se change... en quoi? mon Dieu ! en Ralph lui-même; en Ralph, le coursier de Clochetin. Cette fois, Ralph porte la Peur pour cavalier, et la Peur s'accroche tantôt à ses oreilles, tantôt au harnais, tantôt à la selle du poulain, où pendent et s'agitent mille grelots résonnant : drelin ! drelin ! drelin !... Et la courrière blême chuchote à l'oreille d'Albert que ce sont là tous les cris des courtisans du roi, pendus pour avoir menti maladroitement à Sa Majesté. Albert n'en revient pas. « Regarde ! ajoute l'amazone fiévreuse ; voici la vérité ! » Il ne voit qu'un bel arbre lumineux dont il cherche à saisir quelques feuilles d'argent qui s'éparpillent autour de lui comme des étoiles filantes. Dès qu'elles se trouvent dans sa main, elles deviennent des morceaux de papier blanc, dont on n'aurait pas daigné faire des cocotes, exercice favori d'Albert durant l'heure des classes. Ainsi, le pauvre garçon voyait fuir tous ses bonheurs comme des volées d'oiseaux. Il était horriblement fatigué de tant de déceptions, et laissait involontairement couler des larmes le long de ses joues aussi pâles que celles de la Peur.

— Albert, lui crie à son tour le poulain, qui n'avait pas encore parlé, il faut que tu sois bien endormi pour ne pas te rendre compte que tout ceci n'est qu'une punition de ta paresse à t'instruire comme tes camarades. Sans doute, les enfants et les hommes ne lisent pas sans plaisir un conte de fées; mais ils n'y croient point, car ils savent lire dans l'arbre de vérité, où tu ne vois que du papier blanc. Puisque tu as fatigué la patience de tes maîtres, qui sont des gens d'esprit, écoute donc les bêtes qui ont pitié de toi. — Mais, monsieur, balbutie l'écolier, qui perdait la tête et dévorait ses larmes, je n'ai jamais vu qu'à Bagdad, ou à Stamboul, on gronde le moins du monde les enfants qui n'étudient pas. — On les empale!... Et toi, tu m'indignes, résume le poulain en s'élançant sur lui d'un tel bond, qu'Albert pousse un cri terrible. Alors seulement il ouvre franchement les yeux, croyant voir ceux de Ralph flamboyer et le regarder fixement. C'était son chien Terre-Neuve, entre les bras duquel il se débattait, le prenant pour un cheval enchanté. Son gros chien Gull, pareillement effrayé du cauchemar de son jeune maître, surveillait, comme une sentinelle, l'agitation croissante de l'écolier malade. Gull n'avait pas quitté le pied du lit où l'enfant lui semblait aux prises avec quelque ennemi invisible, ce qui le faisait gronder sourdement et montrer les dents à tout hasard. Le fidèle animal venait enfin de se jeter sur lui pour le sauver ou périr, quand la mère, alarmée par ce charivari nocturne, accourut une deuxième fois replacer Albert sur son lit, dont il prenait les pieds pour la tête. — Qui t'a donc fait ainsi tomber par terre, mon enfant? — C'est moi-même, et je ne l'ai pas fait exprès, dit Albert, pressé de justifier son chien et lui. — Il faudrait faire exprès de ne pas tomber, répondit doucement la mère ; te voilà bien haletant, mon pauvre Albert! — J'arrive du royaume de Sa-Sa et de la Rivière-qui-parle, repartit Albert, aussi las que dégoûté des enchantements. Alors il raconta tout à sa mère, qui, peu à peu, parvint a lui prouver que son voyage était un rêve de sa fièvre, et n'était pas plus vrai que les contes qui le lui avaient inspiré.

Albert, devenu silencieux, et se tenant serré contre sa mère, qu'il n'aurait plus quittée alors pour toutes les fées et tous les rois du monde, regarda dans l'autre chambre dont la porte était ouverte : on soupait en rond autour de la table de famille. Suzette servait respectueusement à boire au maître de pension de son frère, qui lui avait fait lire *la Mémoire d'un oiseau*; car ce bon maître était venu pour apprendre des nouvelles de l'écolier malade, dont il estimait beaucoup les parents. D'après tout ce que la mère alla dire du cauchemar de son enfant, le père, la sœur vinrent en hâte jusqu'à son lit l'embrasser, et lui exprimer les vœux que l'on faisait pour son retour à la santé ; son maître, en lui prenant la main, ajouta qu'il espérait un grand changement dans ses lectures et sa conduite. Cette confiance honorable toucha tellement Albert, qu'à son tour il serra de toutes ses forces la main de son bon maître, et lui dit : « J'apprendrai tout ce que vous voudrez. » Il n'eut qu'une rougeole volante.

Le résultat de ce rêve, doux et affreux, fut donc le retour d'Albert à la raison.

Je sais, mon cher Henri, que la plupart des lecteurs de sept ou huit ans riront d'Albert, eux qui ont lu sans danger *Cendrillon*, *la Belle au bois dormant*, et autres romans dédiés à l'enfance ; mais ces jeunes docteurs, avec un peu de réflexion, auront de l'indulgence pour un pauvre rêveur de leur âge, qui ne s'est pas tenu droit sur le premier échelon de la vie ; ils lui doivent même quelque estime, à cette heure qu'il est parfaitement guéri des visions dont il garde un peu de honte. C'est de lui que j'obtiens la permission de t'en entretenir ; c'est sous sa dictée que je les écris pour toi.

Le petit écolier, qui sait maintenant Buffon et la Fontaine, l'histoire ancienne et moderne par cœur, dit qu'il veut consacrer sa vie entière à l'étude de la vérité, parce qu'il pense que c'est l'unique moyen de rendre cette vie utile et heureuse.

Qu'en penses-tu, toi ?

LE NUAGE ET L'ENFANT.

L'enfant disait au nuage :
« Attends-moi jusqu'à demain,
Et par le même chemin,
Nous nous mettrons en voyage.

Toi, sous tes belles lueurs ;
Moi, dans les champs pleins de fleurs,
Sur le cheval de mon père,
Nous irons vite j'espère !

Je me tiens bien ; tu verras !
J'y monte seul à la porte,
Et quand mon père m'emporte,
Je n'ai pas peur dans ses bras !

Quand il fait beau, comme un guide
En tête il me fait asseoir ;
De là-haut tu pourras voir
Comme je tiens bien la bride !

Ah ! je voudrais d'ici là
Ne faire qu'une enjambée
Sur la nuit toute tombée,
Pour te dire : Me voilà !

Mais je vais faire un beau rêve
Où je rêverai de toi ;

Jusqu'à ce que Dieu l'achève,
Ami nuage, attends-moi ! »

Comme il jetait les paroles
De ses espérances folles,
Le nuage décevant
Glissait, poussé par le vent.

Pourtant le bambin sautille,
L'oiseau chante, l'eau babille,
Et tout lui répond au cœur :
« Demain, demain quel bonheur ! »

Enfin, le soleil se couche,
Et son baiser qui le touche
D'un voile ardent clôt ses yeux
Qu'il tenait ouverts aux cieux.

Près de rentrer chez sa mère,
Au voyageur éphémère
L'enfant veut parler encor ;
Mais le beau nuage d'or

N'est plus qu'une vapeur grise,
Qu'avec un cri de surprise,
L'enfant qu'il vient d'éblouir
Voit fondre et s'évanouir.

Au cri de la petite âme
S'est élancée une femme
Qui, le voyant sauf et sain,
Boudeur, l'emporte à son sein.

Plaintif le mignon s'y cache,
Déclarant ce qui le fâche ;
Que sans son bel étranger
Il ne veut plus voyager.

« Si tu chéris les nuages,
Mon enfant, pour tes voyages,
Le ciel en aura toujours ;
Il en passe tous les jours !

— Ce ne sera plus le même !
Celui-là, mère, je l'aime, »
Dit l'enfant. Puis il pleura,
Et la femme soupira !

LE COTÉ DU SOLEIL.

Un philosophe rapporta, de l'un de ses voyages, ce souvenir, qu'il a gardé comme leçon et qu'il ne relut jamais sans plaisir. Le voici fidèlement traduit, moins la grâce primitive, qui ne se traduit pas :

Les derniers rayons du soleil dardaient au dessus de l'horizon, quand je sortis de Jaffa. C'était l'heure propice pour jouir de la brise délicieusement parfumée des mille jardins plantés autour de l'ancienne Joppé. Un portique de marbre noir, débris magnifique de quelque vieux temple, servant alors d'entrée à de suaves enclos, attira mon attention ; et je sentis en moi le désir irrésistible de parcourir un paradis, si peu fermé qu'une haie verte de figuiers et d'aloès en formait l'unique palissade. L'atmosphère était douce et chaude, toute chargée des senteurs du jasmin et du citronnier. Entraîné par ce charme, je franchis sans obstacle le portail ruiné, et me trouvai seul dans une étendue vaste, fraîche, ondulante, parsemée d'arbres fruitiers, surgissant de hautes herbes, étalant dans l'air leur nourrissante profusion.

Nul pied d'homme ne semblait avoir précédé le mien dans cette belle solitude, où je commençais à me ressouvenir des Mille et une Nuits, et même à y croire un peu.

Tandis que je restais en suspens sur la direction que j'allais donner à ma promenade, mon oreille fut frappée des sons lents et bizarres d'une musique turque. J'obéis à leur appel, et j'avançai vers les sons tranquilles s'élevant d'une pelouse touffue, au milieu de laquelle jaillissait une large fontaine. Sur la margelle de cette source murmurante, étaient semés de riches tapis persans; un vieillard vénérable y siégeait entouré de nombreux esclaves; l'un d'eux, à distance, jouait de l'instrument sauvage qui m'avait attiré, et dont il accompagnait le chant le plus monotone que j'aie entendu de ma vie.

Le vieillard, qui soutenait de sa main gauche un livre de poésie arabe, et de la droite le tube serpenté de sa pipe syrienne, me salua dès qu'il m'aperçut, sans s'émouvoir ni se lever, portant sa main à son cœur, avec la dignité sereine de l'Orient.

Je m'excusai d'être entré chez lui aussi librement, ce qui ne l'empêcha pas de m'accueillir avec une cordialité sincère, m'invitant à partager son tapis et sa pipe; ce que je fis, profondément touché de tant de politesse.

Après avoir satisfait sa curiosité sur les armes et les chevaux des Européens, délices de ces belliqueuses contrées, la voix solennelle du muezzin, flottante dans les échos, s'élança vers nous des minarets de Jaffa. Ce signal pieux fit lever le vieillard, qui n'appartint plus qu'à la prière.

Le soleil était alors couché; à peine si quelque cigale inaperçue dans les herbes encore brûlantes, jetait de loin en loin son adieu strident au jour; tandis qu'un silence de paix s'étendait partout et préparait la terre au sommeil.

Mon hôte et ses serviteurs commencèrent leurs ablutions dans la fontaine, et s'agenouillant du côté de la Mecque, répétèrent à voix haute leurs santons accoutumés; après quoi, se levant comme fortifié par cette halte auguste, le vieil aga, c'était un aga, me pressa de jouir de la fraîcheur du soir, en l'accompagnant autour de son jardin spacieux.

Comme il me devançait pour me guider dans

ce délicieux labyrinthe, il cueillit une orange, et tirant un riche couteau de sa ceinture de cachemire, il coupa le fruit en deux, m'en offrit la moitié et jeta l'autre loin de lui. Trois fois il répéta cette action qui excita ma surprise ; et lui, parut à la fin désireux de savoir mon opinion sur ses oranges, qui étaient exquises.

J'en louai de bon cœur les qualités délectables, le goût rare, la saveur que j'estimai sans égale ; mais je ne pus m'empêcher d'exprimer mon étonnement de voir perdre une portion si considérable d'un fruit si parfait. Cette cérémonie me paraissait cacher quelque superstition orientale.

—Effendi, répliqua le Turc avec un grave et gracieux sourire : aux amis, nous donnons seulement le côté du soleil.

LA MAISON BLANCHE.

ans les premiers jours de mon âge, un homme vint chez mon père, et cet homme-là, je ne l'oublierai jamais. — Qu'avait-il de frappant, d'étrange, de pompeux? Rien ! Il était simple comme un artisan qui s'honore de l'être; il souriait, sérieux et bon tout ensemble; il tenait dans ses mains une apparence de maison, construite avec cette pâte légère qui fait les hosties. Faiseur d'hosties, c'était là le métier de cet homme.

Il posa cette maison sur l'appui d'une grande fenêtre et dit à mon père, qui l'avait obligé souvent : « Ceci est pour votre petite fille. » Je fus saisie de joie, et je plongeai mes yeux au fond de cette demeure blanche qui figurait plusieurs chambres ; une femme, assise à son rouet, les habitait seule ; le balai du ménage était suspendu dans un coin solitaire. Je ne pus que m'écrier : « Ah ! quelle belle maison ! » Mon père aussi trouva ce travail remarquable, et l'homme parut content de l'accueil fait à son frêle ouvrage ; pour moi, je demeurai liée corps et âme à cette possession fragile.

Une fièvre de croissance m'empêchait de sortir. Tandis que ma mère, mes sœurs et mon frère étaient à l'église, mon père seul me gardait au logis, pour que je ne fusse pas triste de leur absence. Il fut temoin de mon ravissement.

« Je crois que vous êtes guérie, » me dit-il ; et toute languissante, je le regardai en riant ; et puis, je répondis :

« Oui, je suis guérie. »

« Alors, je demandai si tous les enfants malades avaient de tels bonheurs. « Sans nul doute, repartit mon père, ils ont tous quelque chose de beau que la Providence leur envoie par de bonnes âmes comme celle du faiseur d'hosties. »

Cette assurance me fit jouir sans mélange du bienfait de la maison blanche.

En causant avec le patient ouvrier, mon père se prit à dire :

« Vous aimez les enfants, on le voit ! Combien donc en avez-vous ?

— Je n'en ai pas, répliqua l'artisan plus grave. Je n'ose pas en avoir ; je suis trop pauvre pour me marier et pour rendre des enfants heureux. »

Je me mis à pleurer de ce qu'un homme si bon n'osait pas avoir d'enfants.

Mon père, qu'on appelait le père des affligés, lui repartit doucement :

« Ecoutez ! si, comme je croyais la chose faite, vous épousez l'honnête fille qui vous aime, je pense que Dieu bénira le ménage. Monsieur le curé, comme on dit fort sagement, a bien des choux dans son jardin où dorment les petits enfants qu'on lui demande au baptême. J'en parlerai donc à notre bon curé ; vous recevrez de lui la bénédiction nuptiale ; après quoi, l'enfant vous sera loyalement acquis. Soyez sans crainte, ma femme et moi nous serons les parrains, et vous serez père aussi ! »

L'artisan, sans parler d'abord, serra longtemps les mains de mon père ; puis, en s'en allant et d'une voix émue : « Cet enfant nous viendra donc, dit-il, de la part de Dieu ! »

Bientôt ma mère acheta les dragées du baptême, et je vis mes sœurs travailler aux béguins.

Qu'est devenu cet homme ? je l'ignore. Et ma maison d'hostie ? je n'en sais rien. Et mon père... Ah ! mon père est aux cieux, je le sais ! J'ai depuis souffert bien des fièvres et des abattements au foyer ; j'ai possédé des choses plus coûteuses, plus solides, plus utiles même que cette mince demeure de la femme au rouet, mais je ne l'ai oubliée ni perdue ; la mémoire des jeunes années est moins ténébreuse que celle des jours qui suivent ; les événements n'en sont pas nombreux et l'innocence les éclaire. Cette maison se tient ferme là-bas auprès de l'artisan qui me l'avait donnée ; rien ne s'efface de ce que j'ai vu du temps de mon père, dont l'image vit encore avec ma vie.

Qu'ils soient bénis ceux qui vont porter de douces surprises aux enfants malades ! Que Dieu ne les laisse pas assez pauvres pour n'oser être pères !

LA PETITE FRIVOLE.

Ah! je suis inconsolable
D'avoir perdu mon ruban ;
Ma chère! il était semblable
Aux rouleaux de mon volant;
Celui-ci, bien qu'adorable,
Regarde, est d'un autre blanc !

On a bien raison de dire :
« Les chagrins sont près de nous. »
Pas un cœur qui ne soupire
Du sort méchant et jaloux !
Tu ris... ne me fais pas rire ;
Pourtant ce serait bien doux !

Mais je suis inconsolable
D'avoir perdu mon ruban !
Ma chère! il était semblable
Aux rouleaux de mon volant;
Celui-ci, bien qu'adorable,
Regarde, est d'un autre blanc !

Mise hier comme une fée,
Au bras de mon frère Henri,
D'un coup de vent décoiffée,

J'entre... et chacun pousse un cri ;
J'étais tout ébouriffée :
Juge si nous avons ri !

Mais je suis inconsolable
D'avoir perdu mon ruban ;
Ma chère ! il était semblable
Aux rouleaux de mon volant ;
Celui-ci, bien qu'adorable,
Regarde, est d'un autre blanc !

La joie est dans notre école ;
Mais toujours le bonheur ment ;
Tiens, c'est un oiseau qui vole.
Moi, j'irai, Dieu sait comment ?
Que ne suis-je un peu frivole
Au moins pour danser gaîment !

Mais je suis inconsolable
D'avoir perdu mon ruban ;
Ma chère ! il était semblable
Aux rouleaux de mon volant ;
Celui-ci, bien qu'adorable,
Regarde, est d'un autre blanc !

Si j'étais moins désolée,
Nous redirions notre pas ;
Pourtant, avant l'assemblée,
Chantons et valsons tout bas !
Suis-moi... je suis envolée !
C'est enchanteur, n'est-ce pas ?

Mais je suis inconsolable
D'avoir perdu mon ruban ;
Ma chère ! il était semblable
Aux rouleaux de mon volant ;
Celui-ci, bien qu'adorable,
Regarde, est d'un autre blanc !

LES VACANCES,

OU LES PETITS POLITIQUES.

C'était en **1830**.

Septembre, mois abondant des vacances, mois béni des écoliers, réunissait six collégiens dans une maison confortable qui venait d'ouvrir largement ses portes et ses sourires à ses jeunes maîtres. Ils y rentraient joyeux comme les pigeons au toit, légers de latin et de philosophie; mais pas un d'eux n'atteignait douze ans;

et les parents de ces jeunes garçons ne leur demandaient encore qu'un bon cœur, bien ouvert comme leur appétit, dont un vaste jardin fruitier, la bruyante basse-cour et l'étable peuplée de belles vaches noires se chargeaient de combler les frais.

Ce paradis d'enfants était situé au bout de la plus longue rue de Passy, surmontant et regardant la Seine ; rue que l'on appelle Basse, bien qu'il faille gravir, aux deux extrémités, une colline mal pavée et vingt escaliers à demi rompus pour y atteindre. Les noms des rues éternisent souvent de bizarres distractions ; mais bah ! les écoliers ont des ailes, et pour eux cette rue n'était ni plus basse ni plus haute qu'une autre ; elle allait droit au plaisir.

Les hauts arbres, flottant au-dessus des murailles, semaient encore, à l'époque dont nous parlons, leur murmure et quelque parfum de sève sur la tête du passant rêveur.

De longues grappes de feuilles qui devenaient rouges avant de mourir, balançant dans l'air leur teinte chaude mêlée aux mille teintes de l'automne, faisaient dire à ce rêveur : « Le soleil a passé par là ! » comme on dit d'un autre soleil, à l'aspect de quelques beaux visages touchés du souffle d'un autre automne aussi.

Une nuée de moineaux s'en abattait parfois jusqu'à terre, comme une ondée de feuilles chassées par une bouffée de vent; puis apparaissait la grille, surmontée de lances dorées, qui laissait voir jusqu'au fond un jardin plein d'ordre et de grâce. Les pieds de la maison étaient entièrement cachés par des fleurs abondantes; elles régnaient au-dessus du sol, des deux côtés d'un perron bordé d'arbustes dans des vases de stuc. C'est là que, depuis huit jours, les préparatifs de vacances occupaient la maîtresse et les servantes, plus une petite fille de six ans, qui, avec un chat dans ses bras, faisait autant de pas que sa mère et ses bonnes; pour aider à ce grand événement.

Des lits de forme et de couleur semblables étaient soigneusement dressés deux par deux dans trois jolies chambres de plain-pied. A leurs croisées flottaient de longs rideaux de mousseline qui sentaient bon le muguet des bois, et les vitres étincelantes laissaient errer les yeux sur un paysage enchanteur. Cette espèce de dortoir à trois cloisons légères était gaiement tendu d'une étoffe où couraient de grands feuillages verts sur un fond blanc mat qui ressemblait à de la neige durcie. Le soleil levant, n'ayant pour obstacle que les hautes vignes qui servaient d'encadrement aux fenêtres, y entrait, le matin, comme un lustre allumé par magie pour éveiller les heureux collégiens, et leur montrer le raisin mûr qui ne demandait qu'à être cueilli, sorte de service que nos écoliers lui rendirent avec une égale promptitude. Dieu sait de quels cris perçants Georges, Horace et Lucien, les premiers arrivés de la veille, saluèrent cet ardent visiteur de leur liberté rendue. La mère en tressaillit d'une grande joie de mère, et le chien Mahomet s'agita de telle sorte, en poussant ses longnes salutations d'amour, qu'il fallut l'ôter de la chaîne avant qu'il s'y rompît les dents.

Ce beau jour était aussi le jour de naissance d'Angéline, qui seule l'ignorait dans la maison. Insoucieuse encore d'elle-même, elle dormait profondément quand la voix de ses frères et les transports de Mahomet lui firent entr'ouvrir doucement les yeux. Elle n'eut, cette fois, besoin de personne pour s'habiller et se faire belle, et ce fut peu d'instants après que Lucien, Georges et Horace l'arrêtèrent au haut de l'escalier, en lui barrant le passage, comme elle sortait vivement de sa petite chambre.

Horace, l'aîné des trois garçons, étendant devant elle son mouchoir, lui demanda si elle voulait jouer à colin-maillard.

« Quoi! dans l'escalier, mon frère?

—Pourquoi pas? »

Et il gagea que s'il lui bandait les yeux, elle ne trouverait pas la chambre de leur mère.

« Je gage que si, répondit Angéline; dix escaliers à descendre; un corridor à traverser, un coin à tourner du côté où je fais le signe de la croix; trois portes à compter pour frapper à celle de maman, et l'on y entre; mettez le mouchoir, j'arriverai aussi vite que vous.

Ses frères, qui avaient pour cela leurs raisons, bandèrent les yeux d'Angéline, qui, les bras en avant et frôlant des pieds les dalles avec prudence, glissa, sans se tromper, le long du chemin que l'habitude lui rendait visible. Tous trois la suivaient sans respirer, riant sous leurs mains, et se poussant l'un l'autre du coude. Il était évident qu'il se passait quelque chose d'extraordinaire dans leurs petites têtes. Leur sœur, qui n'y voyait goutte et n'entendait que mieux, pensa qu'ils riaient de sa tournure d'aveugle.

— J'y suis, cria-t-elle en tournant la clef sur laquelle sa main tomba juste comme si elle eût vu clair sous le foulard d'Horace.

— J'ai gagné! Bonjour, maman!

— Vraiment oui, tu as gagné, » lui dit sa mère en lui rendant la vue, car tout cela est à toi.

Qu'était-ce donc? une chose incroyable et difficile à voir d'abord, même sans bandeau; car ses frères se mirent à danser autour d'Angéline stupéfaite de la grande lampe et des bougies allumées sur une table couverte de je ne sais pas combien de merveilles. Les persiennes fermées et les rideaux abattus donnaient un singulier éclat à ces choses étincelantes au milieu de vives lumières. Était-ce une fée entr'ouvrant la muraille pour laisser admirer aux enfants l'illumination de son palais? C'est ce qu'Angéline brûlait de savoir, et c'est pourquoi, suppliante au milieu du rond qui tournait avec une extrême agilité, elle faisait mille efforts pour désunir les mains qui l'enchaînaient. Enfin les danseurs s'arrêtèrent, feignant de céder à la pression de si petits doigts,

...... Augustine pensa qu'ils riaient de sa tournure d'aveugle.

mais curieux eux-mêmes de prendre part à l'examen de la table lumineuse.

Ce qui les frappa tous d'une grande admiration, ce fut une fabrique à trois étages, éclairée au dedans, et dont toutes les fenêtres étaient ouvertes, de manière à laisser voir les usines, les métiers à coton et les ouvriers fileurs surveillant leur travail dans différentes attitudes. Un gros chien roux, presque vivant, gardait la porte de cette filature pleine d'animation et de silence. C'était à inspirer de l'amitié pour tous ces prolétaires studieux, faisant des fils si légers avec leurs doigts si rudes en apparence. Les garçons voulaient entrer leurs mains par les fenêtres pour mieux comprendre ces métiers en les démontant ; et Angéline perdait la respiration ; à peine retrouvait-elle de temps à autre la force de s'écrier :

« Que c'est beau ! que c'est beau ! que c'est beau ! j'aime beaucoup ces hommes ! et j'aime beaucoup ces lumières qui sont de vraies lumières ! Et voyez ce chien qui a les vrais yeux d'un chien ! Ah ! je crois que tout cela bouge et change de place !... Que c'est beau ! que c'est beau ! maman, que c'est beau ! »

La mère était très-contente aussi.

« A présent, regarde par ici, dit Georges pressé de lui offrir une preuve de son talent dans l'art du dessin.

— C'est joli, dit Angéline en admirant une maison au crayon rouge, encadrée sur une boîte pleine de bonbons.

— C'est moi qui ai fait cette maison, avoua Georges, qui étouffait de garder si longtemps son secret.

— Pourquoi, demanda Angéline, as-tu écrit dessous : « La fête? » on ne voit personne nulle part.

— On danse dans la maison, repartit vivement Georges ; tu ne devines pas cela, toi, parce que tu ne dessines pas encore ; mais tu vois bien qu'une grande fumée sort de toutes les cheminées ; il y a donc du feu partout et un festin d'enfer.

— Ah! oui, » répondit Angéline souriant au bonheur de ceux même qu'elle ne voyait pas, et croyant ce que les autres semblaient aimer à croire.

Elle fut bien payée de son acquiescement, car il y avait encore quelque chose de nouveau à voir dans cette espèce de Noël à l'allemande. Madame Gastines nourrissait une tendre prédilection pour les mères allemandes, si patiemment affairées du bonheur moral de leurs enfants; ces femmes, toutes pareilles aux Flamandes, que Fénelon compare à des pariétaires vivantes, si fortement enlacées autour de leur maison, qu'il faudrait faire écrouler les murailles pour les en arracher. Ainsi, dans les plaisirs innocents dont elle semait son foyer pour le rendre éternellement cher à la mémoire de sa famille, on voyait percer les croyances nourries au fond d'elle-même; ces croyances divines l'ayant soutenue tout le long de sa vie au milieu de beaucoup de chagrins, elle ne manquait pas d'en préparer le secours à ces jeunes âmes qui venaient d'elle, et qu'elle était chargée de ramener au ciel par le chemin qu'elle avait traversé sans se perdre: heureuse femme!

Loin donc de détruire dans sa fille cette crédulité charmante qui, disait-elle, est la soumission des anges, elle l'en récompensait par de douces surprises, les plus pures qu'une mère puisse inventer, devant lesquelles trois écoliers turbulents se tenaient attentifs, par un charme que comprendront peut-être les autres écoliers pour lesquels nous esquissons ce tableau d'intérieur. Ils admettront du moins qu'une enfant de six ans pouvait se délecter à la vue des joujoux sérieux qui retinrent sans ennui, durant une grande heure, l'âge plus raisonnable des frères d'Angéline.

Il reste à dire que derrière la filature illuminée s'élevait on ne savait quoi de plus lumineux encore. Horace, sur un regard expressif de sa mère, poussa de côté la fabrique, et découvrit aux yeux de tous un rocher d'une demi-toise au moins! A la hauteur près, il ressemblait aux plus hauts des rochers du monde; car il était en granit, et de la mousse réelle sortait de ses fentes et de ses rugosités. Dans une cavité, formée au centre du rocher, était incrustée une Vierge en cire, belle et gracieuse, debout avec son enfant dans ses bras, comme on en voit de suspendues, on ne sait par quel miracle, aux flancs perpendiculaires des Alpes. Angéline poussa un cri à l'aspect de cet enfant divin dont la figure était envahie par des boucles de cheveux les plus blonds et les plus doux de la terre. Un fanal en forme de réverbère brûlait au-dessus de cette niche qu'il éclairait. Décidément c'était un spectacle fait pour justifier le saisissement d'Angéline, surtout quand ses frères, qui étaient dans le secret dès la veille, s'écrièrent bruyamment que tout lui appartenait à cause de son jour de naissance.

« Ah ! maman ! dit Angéline dès qu'elle put parler, j'aime bien toutes ces choses ; mais que je t'aime !

— Présentement, dit Mme Gastines, lisons donc les lettres de Maurice et de Louis ; car je n'ai pas encore bien compris pourquoi ils arrivent vingt-quatre heures après vous. »

Comme ni Georges, ni Lucien, ni Horace ne répondent très-vivement à cette question de leur mère, nous avons le temps de rétrograder quelque peu pour nous rendre un compte exact des noms, des caractères, de l'âge et du nombre des habitants de cette riante maison de Passy, dans laquelle nous nous promenons comme des personnes invitées aux vacances.

Mme Gastines en est l'unique maîtresse ; elle en fait, comme nous l'avons vu, l'Eden de ses cinq enfants. Horace, l'aîné de tous, n'a pas douze ans ; il est brave, exalté et bon ; destiné à l'état militaire comme son père qui se bat en Afrique, déjà la place d'Horace est marquée à l'École Polytechnique ; c'est dans sa tête de fer que ce plan est écrit, irrévocable comme son extrait de baptême. Son extrait de baptême date de la triste ascension de Bonaparte au rocher de Sainte-Hélène. On dirait qu'en naissant ce nom lui est entré dans le cœur; il sera bonapartiste.

Georges, le second fils du colonel Gastines, n'a pas réfléchi le moins du monde à la nuance qui sépare déjà son avenir de celui de son frère; car il aime son frère de toute son âme, et il a dix ans. Il dit des mots qu'il attrape au vol, il les répète à titre d'inventeur; c'est encore là toute la profondeur de sa conviction. Il n'en passe pas moins au collège de Sainte-Barbe pour un royaliste absolu. Le hasard nous ayant rendu témoin de la source de ce bruit, nous y remontons un moment, comme historien de cette heureuse famille.

Il est advenu (ceci est de l'histoire) qu'au jour de l'an 1826, M. l'abbé Mailla, que vous connaîtrez tantôt pour le meilleur des abbés et des oncles, a fait entrer par la petite porte du jardin, un cheval à bascule sur lequel Georges et Horace voulurent monter avec un égal empressement. Ce débat, qui se passait au fond d'un corridor, menaçait de troubler une nombreuse réunion d'enfants, de voisins et de petites filles qui allaient danser; l'abbé Mailla, tendre et persuasif comme l'abbé Jocelyn, tira l'ardent Horace par sa manche, et lui donna un sabre caché dans un coin sombre. Horace bondit sur le sabre ainsi qu'un autre Achille ; mais sa seconde joie fut pour l'abbé, qu'il baisa de tout son cœur en lui chuchottant à l'oreille :

« Je rattrapperai Georges à pied ! »

Georges passa donc tranquillement au milieu de la grande chambre, feignant d'éperonner de temps à autre le cheval de bois, tiré par une corde cachée sous son caparaçon d'hermine. Tous les manchons et boas étouffaient presque Georges de leur opulente chaleur ; il faut avouer que Georges n'était pas moins somptueux que son cheval ; voici comment on se le rappelle :

Un long cachemire rouge à palmes riches était attaché sur ses épaules au moyen de belles boucles en cuivre doré. Les plumes blanches de beaucoup de dames flottaient sur son chapeau retroussé à la Henri IV, ainsi que sur la tête altière du coursier, que l'on salua de mille acclamations bruyantes.

Georges perdit un moment l'équilibre ; ce bruit était doux ; sa raison tournoyait ; il était ivre de gloire ; il était roi !

On lui demandait de tous côtés de parler au peuple; il entendait dans ses oreilles des voix confuses crier :

« Haranguez vos sujets! vos sujets vous en prient! »

Georges se tenait alors immobile, très-rouge de la chaleur de tant de manchons. Une dame, qui le vit embarrassé, lui souffla une longue phrase oratoire dont il ne put saisir que ces mots, qu'il balbutia, du reste, avec beaucoup de dignité :

« Je suis toujours... le roi ! »

Il fut couvert d'applaudissements. C'est depuis cette soirée que quelque chose de royal reparaît de temps en temps dans son maintien ; il se ressouvient qu'il a eu des sujets. Mille idées vagues du pouvoir bourdonnent comme des mouches brillantes sur les fibres trop tendues de son petit cerveau. Ne pouvant vivre en roi, il veut vivre sous un roi, et il signe : *Saint-George de Gastines*. Sa santé est parfaite. Il est rond, blond et frais comme une rose. Il aime à dormir et il adore les gâteaux; mais quand il se bat c'est jusqu'au sang; il a pourtant les fossettes du rire gracieusement profondes.

Lucien est Horace, moins dix mois ; il parle

plus rarement que lui; il ne respire, dirait-on, que quand Horace a respiré. Si Horace marche, il marche; s'il rêve, il le regarde penser, et il l'écoute vivre pour vivre. Quand Horace dit : « Je voudrais taper ce grand Max, qui m'appelle, en ricanant, le petit caporal, » Lucien répond résolument : « Allons taper Max. » Quand, après avoir réfléchi, Horace ajoute : « Attendons qu'il soit remis de son entorse, » Lucien se rassied en disant : « C'est ça ! » Il a déclaré un jour à ce frère, qui ne se promène qu'avec lui, et ne dort bien que là où il dort : « Si tu te fais empereur, je me ferai Bertrand : j'aime autant l'un que l'autre. »

Quant à Max, c'est le riche enfant d'un créole de la Martinique. Ses parents, en relations d'intérêts avec la famille Gastines, lui ont confié la surveillance de son éducation au collége Sainte-Barbe. Il s'y fait aimer par ses profusions et l'intarissable abondance de sa parole. Si *les Mille et une Nuits* n'étaient pas faites, il les inventerait toutes en faveur de son pays. Il est républicain comme Toussaint Louverture, et n'écrit ses thèmes qu'avec des gants jaunes. Plus souple qu'un palmier, plus prompt qu'une pirogue à douze rames, l'irrésistible douceur de son accent et le rire qui danse dans le feu de ses regards lui donnent déjà le pouvoir de la séduction et le besoin d'être séduit qui possèdent tour à tour ces jeunes *candio* (1), passionnés pour le luxe et pour la liberté.

Louis est l'orphelin d'un brave officier tué en Grèce, sous les yeux du colonel Gastines. Le pauvre enfant, sans mère, suivait partout l'armée avec un sabre plus lourd que lui; quand il vit son père mort, il voulut tuer tous les Turcs avec son grand sabre. Ses efforts impuissants et ses cris lamantables touchèrent les soldats de plus de compassion que le tableau terrible du champ de bataille. A chaque nouvel assaut, il était repris d'une rage si sauvage et de convulsions si violentes, qu'il fallait lui ôter son sabre dont il ensanglantait ses mains débiles. M. Gastines en prit une pitié sérieuse et l'envoya, par occasion sûre, à sa femme, le modèle des femmes.

« Voici, lui écrivit-il, un enfant de plus à
» élever. Je l'ai pris sur le corps expiré de son
» père que j'estimais. Faites-nous-en un fils
» digne de la mère que je lui donne. Dieu est
» le parrain dans de telles adoptions. Je béni-
» rai mes fils s'ils aiment bien leur frère. »

(1) *Fashionables, lions* du pays.

— M'aimeras-tu bien aussi pour ta mère? avait demandé madame Gastines, les yeux humides, au petit Louis arrivé sain et sauf, qui l'examinait curieusement, le cœur gonflé mais silencieux.

— Allons, dis, enfant : m'aimeras-tu bien?

—Très-bien ! » répondit-il tout d'un coup en lui tendant les mains, comme s'il comprenait, à quatre ans, la sainteté du pacte qui les unissait déjà.

Tel était, il y a trois années, le petit Louis que vous allez voir rentrer tout à l'heure dans la maison bénie, avec son petit ami Maurice ; Maurice, qui va se faire connaître à vous par une lettre dont madame Gastines demande la lecture. Cette lettre le peint mieux que tout ce que l'on pourrait vous raconter de son innocence profonde.

« Je crois, répéta doucement madame Gastines, que mes enfants n'ont pas entendu ce que je viens de leur dire. »

Ils levèrent tous trois la tête avec un mélange d'attention et d'embarras.

« C'est que je n'ai pas encore bien compris pourquoi vous êtes revenus avant Maurice et Louis. Si vous aviez été bien sages, vous, les plus grands, vous les auriez fait marcher sous votre surveillance ; c'était dans l'ordre. Nos voisins pourraient croire qu'ils sont en retenue. Il faut soigner sa réputation de bonne heure.»

Georges prit la parole, et répéta qu'ils n'avaient trouvé que trois places de retour à Passy.

Leur mère ne se contenta point de cette excuse ; elle prétendit que l'on eût dû attendre un jour, afin de revenir tous les six à la fois ; Max, le créole, ne pouvant manquer d'obéir à sa famille, en venant partager leurs jours de congé.

Lucien, qui, d'ordinaire parlait moins que les autres, mais dont le nom de Max excitait l'attention, dit que c'était précisément à cause de lui qu'ils n'avaient pas attendu. Georges ajouta d'un air dégagé que Martinique était assez raisonnable pour conduire les petits, lui qui se croyait destiné à régir l'univers.

« Ce n'est donc pas tout à fait parce qu'il n'y avait pas de places pour tous que vous êtes revenus séparément ? Il y a quelque chose, mes enfants.

— Veux-tu savoir ? avoua Horace avec un grand sang-froid : c'est que nous ne sommes pas de la même opinion que Martinique, et que Louis et Maurice sont toujours accrochés à ses discours. »

La tasse de café que Mme Gastines portait à ses lèvres fut posée sur la table, et elle regarda son fils avec étonnement.

« Tu as une opinion, cher ami ! lui dit-elle, riant à moitié.

— Nous en avons tous une, ma mère, repartit plus gravement Horace en lui prenant la main.

— Tu me surprends beaucoup ! Est-ce qu'on parle politique dans vos classes ?

— Oui ! oui ! cria Georges ; en attendant la récréation, nous composons un journal ; chaque opinion a le sien, et nous sommes trois opinions à Sainte-Barbe.

— Ah ! mon Dieu !

— Horace en rédige un beau à lui tout seul ; six colonnes par semaine, pour paraître le dimanche matin. Après déjeuner, on s'assemble à la Chambre, qui est une terrasse au bout du jardin ; on lit, on se dispute, et l'on vote.

— C'est du beau, mes enfants ! vous cherchez de bonne heure les moyens les plus prompts pour mourir de chagrin.

— Un homme ne meurt pas de chagrin, dit Horace avec calme.

— Bonaparte est mort de plaisir, peut-être?

— Il est mort d'étouffement, ma mère, et dans quatre ans, je passerai par Saint-Cyr, pour aller en demander raison à l'Angleterre.

La conversation s'était arrêtée tout court, quand Margery, femme de charge de la maison, s'avança vers Horace, qu'elle eût volontiers embrassé, et lui dit confidemment :

« Tu crois donc qu'il est mort, toi ?

— Comment, si je le crois! repartit Horace, dont les yeux étincelèrent de ressentiment.

— C'est une erreur profonde, mon garçon. Nous en savons là-dessus plus que je ne peux t'en dire ; il n'est pas mort.

— Que tu es folle, bonne Margery ! dit madame Gastines pressée de connaître l'état moral dans lequel lui revenaient ses enfants.

— Pour toi, Georges poursuivit-elle, il ne me paraît pas probable, avec ton étourderie, que tu puisses avoir choisi ta religion politique.

— Bah ! j'ai la foi sans le raisonnement, dit Georges en finissant sa tartine. Je me sens royaliste, et comme je veux un roi absolu, je ne me dispute pas trop avec mes frères sur leur empereur, qui ne l'était pas mal.

— Tu ne sais ce que tu dis, interrompit Horace avec feu. Il avait le pouvoir magnétique, entends-tu? Tout venait au-devant de sa volonté, comme des milliers d'aiguilles accourent vers l'aimant qui se tient immobile. N'as-tu pas vu des foules de canards de verre, dans un seau d'eau, se précipiter vers un but aimanté? Ah! c'est le secret: il l'avait, lui! Cherche l'aimant maintenant, il n'y a plus que les canards. »

Georges ne répondit pas, et se dandina en mangeant de la confiture. Sa mère, qui jeta un regard prompt sur Lucien, le vit tellement rapproché d'Horace, et le regarder avec tant d'intelligence, qu'elle comprit qu'il porterait le même uniforme.

« Je ne vous demande pas, dit-elle, le devinant en effet fort bien, dans quel esprit vous avez laissé Max. S'il n'est pas plus raisonnable que vous, dont il est un peu l'aîné, j'ai bien peur qu'il ne soit...

— Tu vas voir, s'écria Georges, qui retenait surtout les jeux de mots, on ne dit pas à Sainte-Barbe qu'il est le *nec plus ultrà*, mais le nègre le plus ultra de notre Chambre. A présent devine ses sympathies.

— C'est connu ce que tu dis là, et c'est de l'insulte.

— Au contraire, maman, lui-même se fait honneur de son origine; il dit que le noir est plus noble que le blanc.

— Tout ce qui est brave est noble, déclara Horace, et je me battrai de bon cœur avec lui, s'il a du cœur.

— Ah! démons! soupira madame Gastines plus agitée qu'elle n'en faisait semblant; tandis qu'Angéline, fatiguée de tant de paroles inintelligibles pour elle, s'endormait insensiblement, les deux bras serrés autour du rocher à la Vierge, sur lequel sa tête s'était inclinée.

— Vous ne me parlez pas de Louis, notre pauvre orphelin, si doux, dont les secondes dents ne sont pas encore toutes venues.

— S'il ne dit rien pour contrarier les autres, c'est qu'il est brèche-dent, dis Georges, dont la malice se dilatait. Va, s'il pouvait articuler sa pensée, on verrait bien que c'est un juste-milieu fini.

— Je crois qu'il n'a rien d'arrêté, repartit Horace défendant Louis absent; mais je suis vexé quand il écoute Max, avec ses grands yeux ouverts, et la bouche béante comme s'il avalait ses phrases républicaines. C'est ennuyeux de voir un mioche sans caractère, séduit par un orgueilleux qui se croit plus noble que les blancs, et qui soutient que le bon Dieu est noir. »

Au nom de Louis, Angéline s'était réveillée, pensant qu'il entrait; ses yeux se tournèrent à demi fermés vers la porte, mais ils se refermèrent accablés de sommeil.

« Lisons donc les lettres des absents, dit la mère; nous y trouverons sans doute quelque indice de ce que tu penses contre eux, Georges.

— Sur eux, maman. Il leur faut une croyance aussi; il n'y a que les bêtes qui puissent vivre sans croyance.

— Sans passion, veux-tu dire. Tu fais de l'esprit, mon George; tu me rappelles notre pauvre cousin Durnel : il a tant parlé sans penser, qu'il n'a réussi à rien qu'à se faire dentiste.

— Je ne mens jamais, maman, répliqua Georges avec une vive rougeur.

— Non, mais tu es si léger que tu crois les choses les plus opposées entre elles. »

Voyons les lettres qu'elle tira de sa poche,

12.

n'ayant eu qu'à peine le temps de les lire. L'écriture de Louis, quoique encore un peu grosse, n'était pas mal, et la lettre exactement telle que nous allons la transcrire.

Sainte-Barbe.

« Madame et maman,

» Que je suis triste, maman! je retourne
» vers toi les mains vides, je n'ai pas eu de prix;
» c'est terrible à présent de voir retourner,
» avec des prix, mes frères, près de leur mère,
» qui est ma mère, et qui les embrassera de joie.
» Je n'ose venir à toi, je n'ai point de prix. Je
» veux travailler cette année pour n'avoir plus
» de honte. Tout le monde et Angéline me de-
» mandera mes succès... Je n'aurai rien à dire,
» rien du tout. Je veux gagner des prix, j'en
» aurai l'année prochaine, car je n'ai rien à te
» porter, et je suis las de moi. C'est ma distrac-
» tion qui en est cause. Je mourrai de chagrin
» si je n'en ai pas. Que vais-je devenir si je
» marche à reculons! Ne le dis pas à Angéline.

» Ton respectueux adopté, et très-empressé
» serviteur,

» Louis FLORIAN. »

« Je ne vois pas la moindre trace d'opinion politique dans cette lettre, dit madame Gastines avec un grand sérieux; » et voyant deux grosses larmes couler des yeux fermés d'Angéline, qui n'avait pas fait le moindre mouvement durant cette lecture : « Eveille-toi, petite, poursuivit-elle en passant doucement son mouchoir sur ces larmes, dont elle ne lui savait pas mauvais gré, non plus que de sa retenue à les montrer. Voici à ton adresse une grande lettre de Maurice; lis tout haut, puisque tu lis déjà l'écriture. »

Angéline détacha du rocher ses bras engourdis, et d'une voix dont sa mère seule comprenait l'altération, elle lut :

Sainte-Barbe, après la distribution des prix.

« Ma chère Angéline,

» Je souhaite le bonjour à maman, je sou-
» haite le bonjour à mon oncle l'abbé Mailla,
» je souhaite le bonjour à Margery, je te sou-
» haite le bonjour.

» Je t'apprends que j'ai eu quatre premiers
» prix et deux accessit; je te dirai de quoi, en
» en portant mes prix, que tu verras.

» J'ai été bien souvent puni; je disais tou-
» jours que je ne savais pas faire mes devoirs,
» et quand on me punissait, je me sauvais tou-
» jours, et je restais toute l'après-midi à jouer

» sous les arbres. J'ai vu une vipère, et je n'ai
» pas eu peur. Je revenais à huit heures du
» soir, et j'étais encore puni pour le lendemain,
» ma chère Angéline, cela fait que j'étais tou-
» jours puni. Je ne passais pas un jour sans
» être crié et puni. Je m'en vais tâcher, après les
» vacances, d'être bien sage, et de bien con-
» tenter mon frère Horace, et monsieur le rec-
» teur, et monsieur le principal, et tout le
» monde, pour que je puisse avoir des satis-
» fecit toutes les semaines, et des prix en 1831.
» Je t'embrasse et je promets à maman d'avoir
» une plus belle conduite que celle de jusqu'à
» présent. Je prends toujours de bonnes réso-
» lutions, mais je n'y tiens pas. J'embrasse
» maman, j'embrasse mon oncle l'abbé Mailla,
» j'embrasse ma bonne Margery.

    » Je suis, pour la vie, ton frère,
        » Maurice GASTINES. »

Post-scriptum. « On m'a donné une bourse
» en chausson, et je pourrai bien te la donner
» aux vacances. Le petit L'Huillier est mort de
» la petite-vérole. J'en suis bien fâché; et toi,
» ma sœur, en es-tu bien fâchée?

    » J'ai composé, pour surprendre maman

» au jour de l'an prochain, ce petit compliment,
» qui commence ainsi :

> Que je voudrais bien en ce jour,
> Maman, vous offrir quelque chose!
> Mais n'ayant rien qu'un tendre amour,
> Maman, en votre faveur j'en dispose.
> D'un cœur constant et amoureux,
> Maman, recevez donc l'hommage.
> Vivez! vivez toujours heureuse!
> De mon amour voilà le gage.

» Tu ne parleras pas du compliment, c'est
» un secret. J'oubliais de te dire que j'ai un
» cantique de saint Hubert; je l'ai acheté un
» jour de promenade aux Champs-Elysées.
» Adieu. »

Mme Gastines attesta qu'elle ne trouvait dans cette lettre, non plus que dans l'autre, rien qui justifiât le reproche élevé contre les enfants absents par les enfants présents.

« C'est que le style n'est pas l'homme, comme on le prétend, ma mère, repartit vivement Horace; il faut nous voir à la discussion pour nous connaître; c'est en frappant les cailloux qu'on en voit jaillir le feu; le feu, c'est l'âme! »

Margery était en extase...

« Tu m'assommes, dit madame Gastines en

embrassant son fils ; j'aime bien mieux t'embrasser que de frapper des cailloux l'un contre l'autre, il ne faut pas jouer avec du feu.

Présentement, poursuivit-elle, allez tous au jardin, il me semble que vous n'arriverez que juste à la porte pour y recevoir vos amis; c'est l'heure où la voiture vous a ramenés hier. »

Angéline courut la première regarder à travers la grille, tandis que les garçons se répandirent dans le jardin encore réjoui de verdure et des fleurs solides de l'automne.

On peut croire que les trois écoliers rentrèrent franchement dans le domaine de leur sexe, et relevèrent la tête un peu plus haut que devant leur mère, avec laquelle ils venaient, par tendresse, de faire de l'enfantillage pour cette bonne petite Angéline. L'arrivée de Max désorganisa bruyamment l'espèce d'harmonie qui régnait entre ces trois parties distinctes d'un trio toujours d'accord quand même. Max avait bondi hors de la voiture pour entrer le premier là, comme partout.

Il aborda ses camarades avec l'accent traînant et flûté des créoles, tandis que ses yeux, comme deux escarboucles, semblaient allumer son teint brun des rayons de feu qui en jaillissaient. Plus grand que tous, bien que du même âge qu'Horace, il parut reprendre, dès l'abord, le rang de général dans cette réunion de petites têtes passablement difficiles à discipliner.

« C'est bien lui ! dit Georges à ses frères, qui le regardaient arpenter le jardin à grands pas ; il marche toujours comme un élément.

— Voyez-vous ces traînards, cria Max en montrant les deux petits, sur la tête desquels il venait de passer afin de les laisser en arrière ; n'ont ils pas une vraie tournure d'émigrés, ces petits moutards qui marchent comme des écrevisses ? Allons donc, voltigeurs ! allons donc ! on vous rendra vos châteaux, vos terres et vos vassaux ; mettez des éperons à vos bottes, voyons ! »

Louis et Maurice le regardaient sans le comprendre, avec l'embarras convulsif de ceux qui ont le soleil dans la figure.

« J'ai un rocher ! cria de loin Angéline à Louis, dès que ce dernier l'aperçut.

— Ah !... répondit-il en s'empressant de la suivre, tandis que Maurice entrait dans le cercle des causeurs.

— Reste donc pour t'instruire à la discussion, petite bête ! » s'écria Max en arrêtant Louis au passage. Angéline regarda piteusement le créole et s'enfuit vers sa mère.

En ce moment la voix perçante de mademoiselle Margery donna des ordres pour le second déjeuner, car on venait d'apporter les bagages des arrivants, ce qui ne laissait aucun doute qu'ils ne fussent au jardin avec leurs devanciers. Tous se dirigèrent alors en tumulte vers la maison, où de tendres embrassements suspendirent l'orage qui venait de préluder au jardin par quelques éclairs.

Ce moment de halte parut enchanteur à madame Gastines. Au milieu des sept enfants qui l'entouraient, et qui l'aimaient d'une affection profonde, elle semblait, par les plus doux regards, leur demander de ne pas altérer d'un seul mot cette félicité complète, qu'elle venait de payer par dix mois de courageuse absence.

Maurice, sans penser le moins du monde qu'il allait humilier le pauvre Louis, apporta sur les genoux de sa mère ses prix, ses accessit, et jusqu'à ses mentions honorables, attachées avec des épingles à sa couronne de lauriers. Tandis que madame Gastines embrassait le petit lauréat, Angéline regardait Louis avec

Je n'ai pas de prix, dit Louis, en se glissant à genoux devant sa mère adoptive.

une anxiété qui allait presque jusqu'aux sanglots.

« Je n'ai pas de prix, dit Louis triste, en se glissant à genoux devant sa mère adoptive.

— Tu en auras l'année prochaine, répondit-elle en essuyant ses larmes par des baisers qui rendaient une mère à l'orphelin.

— Viens voir mon rocher, » dit Angéline qui brûlait d'étourdir la honte de Louis.

Puis elle lui souffla sur les yeux pour sécher ses larmes, lui demandant d'en faire autant sur les siens ; ce que fit Louis, après quoi tout alla bien.

« Tu es le seul, toi, mon Horace, qui ne m'aies pas apporté ta couronne, observa madame Gastines en comptant toutes les autres.

— Bah ! maman, des lauriers de papier ! j'en veux d'autres.

— Tu me donneras ceux-là ! demanda impérieusement Margery ; je les mettrai dans ma chambre, au-dessus du bénitier. »

Et Max se dandinait sur sa chaise, en attachant un regard fier sur le philosophe ambitieux.

Ce léger repas fini et la salle déserte, Margery, demeurée seule, rangeait gravement les porcelaines dans l'office, après les avoir essuyées avec une toile fine pour les faire luire, qnaud madame Gastines revint jeter un coup d'œil sur toutes les ressources du buffet. Elle savait que les grands discoureurs dévorent quand ils dînent, et que les raisonnements passionnés donnent une activité étrange à l'estomac. Les solitaires mangent peu, sinon ceux qui parlent tout haut.

« Margery, dit madame Gastines d'un ton de confidence qui éveilla toute l'attention de la femme de charge, il nous faut faire aussi de la politique, nous.

— Madame sait que je n'y suis pas étrangère, dit Margery déjà émue.

— J'entends celle permise aux femmes, Margery, celle que tu entends toi-même supérieurement, celle qui rend heureux tous les partis, afin de calmer les mauvaises têtes.

— Je ne demande pas mieux, madame ; mais il y a de ces têtes qui ont le bonheur bien insolent. »

Durant cet entretien, Margery étalait devant sa maîtresse tout ce qu'elle avait orgueillleusement préparé depuis quinze jours pour le retour des six enfants prodigues, charmants ingrats qui n'y jetaient pas un regard, et songeaient presque à se battre. Il y avait là de quoi nourrir une abbaye.

« Ce n'est pas ton Horace qui est un insolent, n'est-il pas vrai, Margery?

— Horace! ah! madame! il y a l'étoffe d'un empereur dans Horace! Vous verrez, si le *vrai* revient, où il fera monter votre enfant!

— Tu tiens donc toujours à ton idée, bonne Margery? demanda madame Gastines avec une indulgente moquerie.

— Quand je n'y tiendrais pas, moi, pauvre femme, le destin n'en irait pas moins son train. Madame a donc oublié mon rêve? »

Madame Gastines sourit. Margery, calme et forte, persista comme si elle répondait à une dénégation :

« Et moi, j'y crois comme en Dieu. La preuve, c'est que mon rêve était plein de soleil, parce que l'empereur rentrait avec tout son état-major, cent fois plus beau que tous les autres états-majors : madame sait que nous en avons vu de très-laids. Enfin mon rêve est toujours là, et je le vois encore comme je vois madame. Tout l'univers était à la barrière de l'Etoile pour lui dire bonjour, à ce pauvre grand homme : on peut l'appeler grand homme, celui-là, puisque après Dieu c'était le premier. On courait, on se tuait, on riait, on tremblait ; mais bah ! c'était de joie, et le temps s'en mêlait comme toujours. Et le voilà, lui, qui rapparaît ! voilà qu'il porte la main à son petit chapeau, puis qu'il le fait tourner comme une bénédiction sur nous tous et sur Paris. Alors il n'y a plus eu moyen : voilà que je me sens enlevée de terre ; le silence de saisissement qui arrêtait tout éclate comme une peau de tambour : plus rien sur la place, sur les quais ni dans le ciel, que les cris d'une joie terrible qui m'a réveillée, que j'en ai tremblé six mois ! »

Madame Gastines ouvrit la fenêtre, moyen innocent d'interruption quand on a entendu quelque chose jusqu'à le savoir par cœur ; mais elle était admirablement patiente, et n'ôtait pas à Margery un des plus grands bonheurs qu'elle lui connût.

La fenêtre s'ouvrit inutilement ; Margery parlait de l'empereur, et, les mains pleines de chocolat râpé pour faire une crème, elle suivit sa maîtresse, qui cherchait à deviner dans quelle partie du jardin étaient pour lors rasmblés ses enfants.

Ce n'était plus un rêve que Margery avait à redire pour la centième fois ; c'était une apparition vivante, qui avait corroboré sa foi et récompensé ses secrètes espérances. Elle avait *vu* récemment l'empereur lui-même traverser les Tuileries à la manière mystérieuse d'une ombre, mais d'une ombre qui attend l'heure de sa réalité. Margery pouvait d'autant moins en douter que l'empereur portait, le jour de cette rencontre, le même pantalon nankin adopté par lui, disait-elle, dans ses promenades aux jardins de la Malmaison, où Margery avait eu l'honneur d'être lingère et d'entrevoir deux fois l'empereur, de profil. L'apparition aux Tuileries, c'était donc l'empereur de profil encore, regardant pensif une petite revue, le pied droit élevé sur une marche de l'escalier de la grande terrasse ; c'est de là que ses yeux d'aigle plongeaient jusqu'à la grille du Carrousel, tandis que pas un des chefs qui caracolaient à cheval ne manquait à le saluer de loin en baissant l'épée devant lui, le reconnaissant très-bien comme elle le reconnaissait pour l'empereur. Lui, se tenait immobile, enveloppé dans sa redingote, d'où sortait la croix, plus brillante qu'une étoile. Margery l'avait même vu sourire, comme s'il disait : « Chut ! je tiens ma parole : vous, tenez la vôtre : je reprendrai le commandement quand les temps d'épreuve seront accomplis. »

« Tu n'oublieras pas non plus, bonne Margery, d'orner le buffet avec des ananas et les autres fruits d'Amérique achetés au Palais-Royal en l'honneur du petit créole. Il faut lui faire un peu d'air natal aussi, à ce pauvre expatrié !

— On fera ce qu'on pourra, même pour celui-là, » dit Margery sans sortir entièrement de sa préoccupation, tandis qu'elle apprêtait tout, infatigable à la manière des servantes somnambules, qui remplissent mieux leur tâche de ménage endormies que réveillées. Tout marchait donc comme le vent vers un festin dont un cœur de mère avait calculé les conciliantes délices.

Ces préparatifs furent un moment interrompus par les efforts que faisait Angéline pour emporter son rocher ; l'idée de le planter au fond du jardin pour en étonner Louis et Maurice l'avait ramenée, tandis que les collégiens perdaient le temps en discours, où il n'y avait pas un mot des mots que savait Angéline, ce qui l'ennuyait considérablement. Madame Gastines ayant réussi à la convaincre que le rocher, plus lourd qu'elle, ne pouvait être enlevé qu'à bras d'homme, Angéline pria si instamment pour obtenir du moins sa Vierge, qu'il lui fut permis de l'emporter avec toute la précaution et le respect dus à une telle faveur.

Durant ce temps, l'agitation était au jardin; on y discutait sur les prix obtenus : Max trancha la question en disant qu'il n'en avait remporté qu'un seul, mais que celui-là en valait mille, puisque c'était le premier de versification et de prosodie latine.

« Tu aimes donc bien les Latins ? dit Georges passablement en retard sur ce chapitre.

— Parbleu! ce sont les premiers hommes du monde.

— Oui, dans le temps des Latins; mais nous sommes plus grands qu'eux, répliqua Horace.

— Tu badines? Ils ont eu César pour chef!

— Nous avons Bonaparte, repartit Lucien, fanatisé par son frère.

— Tu ne l'as déjà plus, dit d'un ton gouailleur Max, en jetant son gant paille au nez du chien Mahomet, qui grogna.

— Nous irons le chercher à Sainte-Hélène, riposta Lucien en rougissant de colère.

— Je te souhaite bien du plaisir.

— J'en aurai ma part, dit Horace, qui se croisa les bras en se posant devant Max.

— Qu'est-ce que cela me fait? je n'irai pas avec toi, voilà tout : je ne l'aime pas, il a tué la république, et je suis républicain, moi.

— Il l'était plus que toi, candio! puisqu'il l'appelait sa mère.

— Eh bien! c'est encore pis que s'il l'eût haïe; il lui a mis des oripeaux et une couronne sur la tête, pour lui faire faire du despotisme.

— Tu as pillé cela dans de vieux journaux pour en faire de neufs.

— Jouons! jouons! crièrent Louis et Maurice; c'est embêtant tout ça.

Les quatre disputeurs les regardèrent de travers. Ne sachant pas précisément eux-mêmes à quel parti ils appartenaient, les pauvres innocents furent de nouveau soupçonnés d'être juste-milieu.

« Ce sont de vrais gobe-mouches, dit Max, en attaquant Georges à son tour; on peut faire vouloir à ça tout ce qu'on veut : tantôt Charles X, qui est en exil ; tantôt Louis XVIII, retiré à Saint-Denis. Cette petite graine de niais n'est bonne qu'au royalisme et pour la *criaille.*

— Moi, je veux que tu sois honnête, repartit Georges en lui sautant à la figure. Tu es plus grand que moi, mais je monte, quand j'ai mis dans ma tête que l'on descende. » Et se tordant à l'entour de la ceinture de Martinique, il le roula dans le fin gravier du jardin, lui et sa redingote blanche.

Mahomet, à la chaîne, fit d'incroyables efforts pour s'élancer à l'appui de son jeune maître, tandis que Max, subtil comme un serpent, se releva, un peu pâle de l'attaque de son frêle agresseur. Ses dents blanches et serrées paraissaient plus longues qu'à l'ordinaire ; il l'appela Vendéen !

Angéline accourait triomphante avec sa Vierge, au moment où l'imprudent Louis, ne prenant conseil que de son cœur, se plaçait en suppliant au milieu des deux adversaires. Son éloquence se bornait à ce cri : Amitié ! amitié !

Max, ébloui de colère, enleva rudement Louis comme une barricade importune.

« Tu m'intercèptes ! tu m'intercèptes ! » essaya d'articuler Louis à demi étouffé.

La pauvre Angéline, dans son jeune instinct

de femme, pour flatter le farouche Max et sauver Louis, se mit à crier avec désespoir :

« Vive la république !

— Veux-tu te taire, Angéline ! dit Georges en courant à elle, et mettant ses deux mains sur sa bouche ouverte ; tu as l'air d'un coupe-jarrets. »

Angéline, tremblante pour Louis et pour sa Vierge qu'elle tenait dans ses bras, se débattit si violemment que le sang lui jaillit du nez, et qu'elle s'enfuit chercher du secours près de sa mère.

« Mon Dieu ! que vous venez à propos, mon frère ! dit madame Gastines à l'abbé Mailla, qui entrait sur ce récit.

— Qu'y a-t-il, ma sœur ? demanda l'abbé Mailla, jeune homme de vingt-huit ans, qui semblait apporter la conciliation partout où se montrait son visage doux et calme.

— Savez-vous, mon pauvre abbé, que nous touchons ici à une révolution, et qu'ils sont, là-bas, prêts à se battre pour des nuances d'opinion auxquelles ils ne comprennent rien eux-mêmes ?

— Se battre ! Qui donc voudrait se battre, ma sœur ? Est-ce que ce n'est pas déjà bien honnête comme cela? Quels sont donc les esprits malades qui veulent recommencer le choc?

— Comment, malades? dit Margery qui se mêlait de tout ; ce sont vos neveux, qui mangent comme des ogres, qui grandissent comme des chênes. Le pire, c'est ce tigrillon d'Amérique, muscadin comme un prince, long comme un jour sans pain, et qui critique ma soupe, parce qu'elle n'est pas faite comme à Sparte. Il veut tout connaître, ce grand marmot de républicain ; Dieu me pardonne s'il ne se fera pas bientôt la barbe avec de l'encre, dans l'impatience d'en avoir.

— C'est l'âge ingrat, observa l'abbé avec indulgence.

— Vous dites cela de tous les âges, mon frère, pour avoir le droit de les excuser. Allez vite, je vous prie, trouver ces mutins, et tâchez de les soumettre. J'y travaille de mon côté, car il faut leur parler comme à des hommes, et les traiter comme des enfants. »

L'abbé Mailla, dirigé par Angéline, pressa le pas pour se rendre devant le pavillon, image en raccourci des Feuillants, où s'agitait la petite assemblée constituante.

« Toi, tu seras le tribunal, dit Horace en se

précipitant vers son oncle, qu'il aperçut le premier.

— Pas de tribunal!. répliqua Martinique, criant comme un enragé. Je veux me battre, je ne sors pas de là. Arrière les blancs et les bonapartistes! en avant Sparte et Haïti!

— Je viens jouer avec vous, mes enfants, dit l'abbé, les saluant de son plus doux sourire.

— Nous ne sommes pas des enfants, répondirent les quatre aînés en agitant leurs mains pour obtenir du silence.

— Tant mieux, messieurs! Si nous n'avons pas affaire à des enfants, les choses en iront plus droites et plus rapides. Répondez en vous modérant. Il ne s'agit pas de faire de l'éloquence, mais de la raison et de la justice. Max Martinique, comme étranger et comme allié, a droit de parler le premier. Martinique, de quoi vous plaignez-vous? »

Max, adouci par cette influence modérée, leva la tête avec moins de colère pour se justifier:

« C'est Georges qui roule mon habit dans le gravier, et qui m'appelle Robespierre.

— C'est faux! on n'a dit cela qu'une fois au collège. C'est lui qui vient de m'appeler Vendéen.

— En pesant vos paroles, nous vous mettrons promptement d'accord.

— Pas d'accord! pas d'accord! » reprirent-ils tous ensemble.

Alors les quatre orateurs voulant raconter leurs griefs, et les deux neutres se mettant à crier par imitation, le tumulte fut porté à son comble. L'abbé Mailla se couvrit et s'adossa contre le mur tapissé de lierre, puis il ferma les yeux en signe de blâme et de sainte patience. Cette improbation muette ne fut pas sans puissance sur l'émeute, qui se tut et ne regarda plus que lui. C'est au milieu de cette trêve qu'il jeta quelques paroles, prises dans son cœur plus que dans un grand talent pour la chaire ou pour la tribune :

« A toi d'abord, Horace, comme au chef d'une famille honnête et brave, j'apprends, si tu l'ignores, que ton père s'est toujours battu pour la France, et jamais pour un parti. Il y a bien assez des peuples lointains avec lesquels nous ne pouvons encore nous entendre, pour désaltérer cette soif de guerre qui dévore nos enfants à peine sevrés du lait maternel. Ceci s'adresse en même temps à tes frères : s'ils ne le comprennent pas, charge-toi de l'explication, ce qui t'y fera penser toi-même. Toi, Max, à qui nos bras sont ouverts dans l'absence de tes parents, tu nous dois la condescendance sans bassesse. Je ne t'en demande pas d'autre que de regarder mes neveux comme tes frères, afin de t'accoutumer de bonne heure à considérer ainsi tous les hommes que tu es appelé à visiter, mon cher insulaire. Sois le voyageur bienvenu si tu portes en main le bâton blanc, on te répondra par le calumet de paix. Puisse ma parole, qui sort d'un esprit où ne fermentent ni ambition ni haine, vous calmer l'un pour l'autre, comme un breuvage salutaire à votre fièvre politique! Si vous ne pouvez encore vous prendre la main avec la tendre effusion de votre âge, séparez-vous durant quelques heures, afin de vous éclairer par la réflexion et le silence. Dieu ne descend pas dans les réunions où les âmes se regardent avec colère. Je prends avec moi ces deux-ci, qui ne pensent point encore, car vous troubleriez leur jugement par les erreurs du vôtre. Allez! et n'altérez pas la grâce de vos jeunes années par des discussions violentes : les hommes les meilleurs s'y sont perdus. Mettez-vous volontairement aux arrêts, et tenez ferme à l'ordre que vous recevrez de vous-mêmes. De là viendra que, si vous êtes appelés un jour à commander, vous n'exercerez la discipline que dans un esprit de prudence et d'amour de l'ordre. *La parole douce rompt la colère; la parole dure excite la fureur.* »

Tandis que l'abbé Mailla reconduisait par la main Louis et Maurice vers la maison, d'où n'osait plus sortir Angéline, les trois Gastines et Martinique se rendaient à leurs chambres en regardant par terre. Ne trouvant pas une parole à tirer de leurs cœurs trop pleins, ils montèrent les escaliers lentement, comme s'ils les comptaient, et s'enfermèrent, par un accord tacite, dans les chambres séparées, qui leur parurent grandes et désertes. Plus las que s'ils avaient couru, comme c'était leur devoir d'écoliers, ils s'assirent chacun dans l'attitude de leur caractère. Max regarda par la fenêtre les oiseaux voler, pensant vaguement qu'ils s'en allaient peut-être vers la Martinique. Parfois, ses bras étendus et ses bonds d'impatience témoignaient de son ardent besoin d'étreindre quelque chose, en ami ou en ennemi. La balance pourtant penchait plus alors vers les beaux germes qu'il portait au cœur. Il murmura même dans ses lèvres : *Monsieur l'abbé Mailla,* « *La parole douce rompt la colère.* » Puis ce refrain du pays :

Si moi grandi, moi bon passé banane!

Horace, droit comme une épée, commentait sous son front immobile les conseils et jusqu'à la voix pénétrante de son bon oncle Mailla. Cette même phrase de la Bible : « La parole douce rompt la colère », coulait dans sa tête comme l'eau dans le feu. Lucien, ne voulant rien écouter de ce qui se passait d'extraordinaire en lui qu'après avoir entendu ce qui se passait dans Horace, le regardait comme un marin regarde la boussole. Georges, caserné dans la chambre du milieu, finit par l'arpenter à grands pas et même à cloche-pied. Un petit miroir, penché à la muraille, l'excita naturellement à faire des gestes et des grimaces sérieuses. Il ne tarda pas, puisqu'il faut l'avouer comme le reste, à s'apercevoir qu'il ne pendait plus une seule grappe de raisin à la vigne. Alors il dit en lui-même : « Oh ! nous n'aurions pas dû manger tout ce matin. » C'était fait. L'ennui le gagna jusqu'au sommeil, qui lui arrivait toujours à l'heure de ses chagrins.

Par degrés cette heure devint d'une lenteur affreuse pour tous. Ayant pris une ferme résolution de ne plus jamais descendre que quand on les appellerait pour dîner, ils commencèrent à trouver qu'on les appelait bien tard ! Le jour tombant par toute la campagne, ils prêtèrent l'oreille avec inquiétude aux moindres bruits qui montaient de l'intérieur de la maison. La voix de Margery leur eût semblé une belle voix, car elle ne s'élevait d'ordinaire qu'en guise de la cloche qui rassemble à table, dans les campagnes comme dans les pensionnats. Leurs idées, qui devenaient un peu confuses à force d'appétit, ne rappelaient plus très-distinctement ce qu'ils expiaient par tant de solitude et de diète, quand cette voix éclatante, demi-divine, à laquelle Mahomet répondit par un aboiement profond, et qui rompait le jeûne pour tous, les fit tressaillir tous quatre en même temps. Ils ouvrirent leurs portes comme des prisonniers à qui l'on a crié grâce ! Ils se heurtèrent dans le corridor assombri par la chute du jour, mais ce fut sans un ressentiment très-vif de leur querelle, et, sûrs de n'avoir mérité aucun nouveau reproche du bon abbé Maïlla, ils se précipitèrent avec assez d'assurance dans la salle à manger.

Mme Gastines, un peu parée comme pour une fête, ne fit pas semblant de s'être aperçue des arrêts, qui avaient duré trois heures. Margery regarda surtout Horace, charmée de son air grave, qu'elle trouvait profond.

Mme Gastines les regardait l'un après l'autre, et sa tendresse était de la même couleur pour tous. L'abbé prit la main de chacun d'eux, et la serra sans rien dire. Le béguin d'Angéline avait des rosettes bleues, qui donnaient à sa tête l'air d'une fleur sortant de sa robe de madapolam. Elle errait comme un séraphin content au milieu des lumières réfléchies par les cristaux et les fleurs que l'on avait rentrées sur leurs estrades roulantes. Tout à coup, Max Martinique, tournant çà et là sa tête pour saisir des parfums subtils, qui agissaient puissamment sur ses instincts créoles, s'arrêta devant le buffet, où les ananas, les dattes, les cocos et les cannes de sucre s'élevaient comme un salut du pays de sa naissance. Son éloquence cette fois fut en défaut; ou plutôt elle fut celle d'un enfant de la nature, car, suffoqué d'une joie pâle comme la tristesse, il se jeta sans parler dans les bras de Mme Gastines, et l'étreignit convulsivement en la couvrant de larmes.

« *O pays moi!* prononça-t-il à voix basse, dans son doux idiome.

— J'ai pensé que ta mère m'a donné des pommes, qui lui ont coûté bien cher, quand je languissais pour la France, durant mon séjour à la Martinique; et j'ai voulu te payer ces pommes, chuchota tendrement Mme Gastines.

— A table! à table! « cria Margery; et la table fut à l'instant parée d'une belle ceinture vivante.

Quand le premier service, composé de mets abondants, mais simples, fut dévoré par l'appétit des jeunes convives, l'abbé Mailla, placé entre Max et Horace, leur dit, en les regardant tour à tour avec une grâce évangélique, l'un des beaux préceptes qui réglaient sa vie : « Ne quittez point un ancien ami, car le nouveau ne lui sera pas semblable. » Il y eut un silence, et tous les yeux se baissèrent sur les assiettes. Mme Gastines, qui n'aimait pas à voir l'embarras se prolonger entre enfants brouillés, préférant le bruit à la froideur, pria son frère de permettre le vin à cette jeunesse, qui n'en dormirait que mieux, et n'en serait pas moins sage.

L'abbé Mailla, puisant toujours aux sources de la Bible pour justifier sa bonté naturelle, s'empressa de répondre: «Oui, ma sœur : « Donnez du vin à ceux qui sont dans l'amertume du cœur; qu'ils boivent, et qu'ils perdent pour jamais la mémoire de leur douleurs. »

— Bravo ! » cria Maurice. Ce qui fit éclater de rire Angéline et Louis, tandis que les autres enfants ouvraient de grands yeux à l'aspect d'un beau plateau couvert des bons vins qui leur étaient destinés.

Peu à peu l'harmonie circula dans les esprits, timide encore, car personne n'avait dit: J'ai tort; ce qui du reste est rare, même parmi les enfants. Il appartenait à Margery de fondre les restes de cette glace que l'orgueil met au bord des cœurs, si bons qu'ils soient.

A peine le dessert et les fruits d'Amérique furent-ils posés sur la table, que Margery, plus rouge que le feu qu'elle bravait depuis quatre heures, s'avança les bras chargés du vrai gage de la réconciliation : d'une tarte énorme, pleine d'avenir, et de délicieuses gelées de fruits, de crèmes glacées, fouettées, pralinées, surpassant tout ce que les *Mille et une Nuits* racontent sur les tartes sans poivre, chefs-d'œuvre des meilleurs pâtissiers de l'Orient. On ne savait d'abord ce qui flottait au-dessus de cet effort du génie de la femme, mais on poussa un cri d'admiration. Le vin commençait à délier les langues honteuses, les yeux brillants et les dents blanches reparaissaient au fond des rires charmants que l'on ne retenait plus.

« J'aime Horace et j'aime tout le monde, dit Max avec effusion.

— Et vive maman! » répondirent tous les autres devant cette grande preuve de sa bonté pour eux.

Les coupables devinèrent vite que les banderoles qui s'élevaient sur la meilleure des tartes étaient les symboles mêlés de la république et de la royauté, surmontés de l'aigle impérial.

« Vous honorerez les beaux exemples en les imitant, dit l'abbé Mailla : ne rendez pas vos drapeaux à l'ennemi; brûlez-les pour en boire la cendre, et que vos jeunes poitrines leur servent de sanctuaire. Allons, ma sœur! un punch pour ce glorieux mélange; confondons les opinions et les couleurs, afin qu'il en sorte l'harmonie et le traité d'une paix éternelle. »

Les cris de vive maman! vive la patrie! accueillirent l'idée de l'abbé Mailla, tandis que Mme Gastines brûlait joyeusement toutes les nuances de la discorde pour les dissoudre dans le vin, autorisé par la Bible.

Les embrassements qui suivirent ce sacrifice furent aussi sincères que les tapes qui avaient attristé le milieu de cette journée. Et l'on dansa; car l'abbé Mailla, qui pensait à tout ce qui peut améliorer les âmes, n'avait pas manqué de mettre en action ce paragraphe de la Bible encore : « Un concert de musiciens dans un festin où l'on boit du vin est comme l'escarboucle enchâssée dans l'or. »

De joyeux enfants du voisinage, invités avec de grandes demoiselles, qui jouaient du piano pour faire l'orchestre, vinrent fêter bruyamment le jour de naissance d'Angéline.

« Mais, malheureux, dit Margery à Georges, qui avait déchiré un de ses gants en battant Max, tu n'as qu'un gant!

— C'est égal, ma bonne, répliqua vivement Georges, qui adorait la musique, je ne danserai que d'une main.

— Voilà la paix, dit l'abbé Mailla en retenant Max et Horace, qui passaient devant lui, et se tenaient par la main, tandis que les autres galopaient. Est-ce que la guerre danse comme cela?

— Sois sûr, mon oncle, dit l'enfant, que l'on obtient de grandes choses avec la guerre, tous les poëtes en ont fait compliment à l'empereur.

— Je lis quelquefois des poëtes, avoua l'abbé Mailla : il y en a un surtout que je voudrais pour mon frère, et que je salue dans le ciel, où il est retourné ; c'est celui qui s'est écrié du fond d'une joie digne du Christ :

> « Que l'enfer ne soit plus ;
> » Un baiser à l'univers ! »

— Je t'adore, toi, mon bon oncle, repartit le collégien en se pendant à son cou ; mais ne t'inquiète pas, nous ne voulons battre que l'Angleterre ; Max est avec moi ! »

LES ENFANTS ET LES MIROIRS.

A ZIZETTE BASCANS.

Si j'étais assez grande,
   Je voudrais voir
L'effet de ma guirlande
   Dans le miroir.
En montant sur la chaise,
   Je l'atteindrais;
Mais sans aide et sans aise,
   Je tomberais!

La dame plus heureuse,
   Sans faire un pas,
Sans quitter sa causeuse,
   De haut en bas,
Dans une glace claire,
   Comme au hasard,
Pour apprendre à se plaire
   Jette un regard.

Ah! c'est bien incommode
   D'avoir huit ans;
Il faut suivre la mode,
   Et perdre un temps!...
Peut-on aimer la ville
   Et les salons?

On s'en va si tranquille
　　Dans les vallons!

Quand ma mère, qui m'aime
　　Et me défend,
Et qui veille elle-même
　　Sur son enfant,
M'emporte où l'on respire
　　Les fleurs et l'air,
Si son enfant soupire,
　　C'est un éclair!

Les ruisseaux des prairies
　　Font des psychés,
Où libres et fleuries,
　　Les fronts penchés,
Dans l'eau qui se balance,
　　Sans nous hausser,
Nous allons en silence
　　Nous voir passer.

C'est frais dans le bois sombre,
　　Et puis, c'est beau
De danser comme une ombre
　　Au bord de l'eau.
Les enfants de mon âge,
　　Courant toujours,
Devraient tous au village
　　Passer leurs jours!

LES PEPINS DU ROI GUILLAUME.

Un roi faisait bâtir.

Accoudé sur une haute fenêtre que le beau temps permettait d'ouvrir, le monarque à la fois rêveur et satisfait promenait le coup d'œil du maître sur les travaux réparateurs qui redonnaient la vie à son passé.

Rentré dans ses domaines après vingt ans d'exil, de voyages lointains, de détresse et d'études qui avaient beaucoup agrandi son cœur, mais beaucoup délabré le palais de ses pères, il en relevait pieusement les jardins et les murailles.

Laborieux par goût, matinal par habitude, il allait et venait sans s'arrêter ni s'asseoir, d'une table frugale à la fenêtre ouverte, centre de ses observations. Déjeunant seul et se servant lui-même, ses yeux s'abaissèrent sur un pauvre maçon déjeunant seul aussi, mais d'un morceau de pain noir mangé vaillamment et sans gêne sous la fenêtre royale.

Le fils des anciens stathouders, élu récemment roi des états belges et de Hollande, qui n'en était pas plus fier sous son nom de Guillaume premier de Nassau, prit plaisir, durant quelques instants, à considérer cet appétit sincère, contenté de si peu! Après que le pain noir eut disparu jusqu'aux miettes, Guillaume leva la voix et dit :

« Ami maçon! quelque dessert ne viendrait-il pas à propos sur un pareil déjeuner? Qu'en penses-tu? Si je te faisais passer un fruit de la table du roi? »

Le maçon regardant le roi, qu'il n'avait pas encore vu, et qu'à son ton simple et amical, à son costume tout uni, il prenait pour un maître d'hôtel de bonne humeur, répondit sans fausse honte :

« Comme vous voudrez, si vous en avez le droit, et si ça ne dérange rien à la maison d'Orange; il faut en convenir, ça ferait glisser l'ouvrage. »

Le roi sourit et quitta la fenêtre.

Comme il tardait à revenir, la cloche des ouvriers sonna dans le lointain. Celui-ci, quelque peu chagriné, crut que le maître d'hôtel s'était moqué de lui, sur quoi levant un peu l'épaule, il quitta son banc pour retourner à sa truelle, quand réapparaissant à la croisée et lançant au maçon déjà loin une superbe pomme que celui-ci reçut dans ses deux mains étendues, le roi cria :

« En l'honneur du retour du roi, mange, mon frère ! mange cette pomme, et qu'elle te soit salutaire. » Puis il ajouta plus vivement : « Prends garde ; le soleil l'a fendue de tous côtés ; je la crois mûre à point ; mais les pépins sont plus durs que tes dents, et te les casseraient, mon pauvre camarade ! »

Le maçon rit de la plaisanterie et de l'air de bonhommie qui l'accompagnait.

« Que la vierge d'Hall mûrisse les pommes d'orange ! » cria-t-il, en enfonçant ses dents blanches au fond du fruit savoureux.

Mais, qui peindra la surprise de cet homme quand il trouva que les pépins étaient de belles pièces d'or, frappées tout récemment à l'effigie du nouveau monarque ? Son grand saisissement lui fit croire que Dieu le visitait au milieu d'un jardin somptueux. Et n'était-ce pas vrai ? Alors ses yeux ravis se levèrent pour bénir ; mais la haute croisée était déserte et le donneur de pommes avait disparu.

« Jésus ! Maria ! mes enfants, » dit à part lui l'ouvrier se hâtant à travers le jardin qu'il prenait cette fois pour le paradis terrestre.

Une heure après, remonté sur les tuiles, et comme il en tremblait encore, un long cri, répété par plusieurs, tira son attention jusqu'au bas des murailles, où son ami le maître d'hôtel passait, mais salué en roi; car c'était le roi, sortant seul, à pied, comme il en garda toujours l'habitude, tandis que les soldats au poste, les manœuvres sur les toits criaient de toutes parts : « Vive Guillaume ! vive Orange ! »

Un seul demeura silencieux, trop ému qu'il était et se tenant à deux mains à son échelle, d'où peu s'en fallut qu'il ne tombât.

« Oui ! vive celui qui est le meilleur ! » criat-il enfin, longtemps après les autres, en élevant dans l'air son chapeau poudreux ; ce qui fit que tous éclatèrent de rire, le roi étant loin, et le palais rentré dans le silence.

Le maçon ne riait pas. Retiré au fond de sa gratitude sérieuse, il vouait une messe à la vierge d'Hall pour le règne dans ce monde et pour l'heureuse éternité dans l'autre de ce roi modèle de tous les rois. L'artisan pieux semblait pressentir qu'un tel homme devait un

14.

jour abdiquer les vaines grandeurs de la terre, et descendre librement d'un trône dans la simplicité de cœur avec laquelle il y était monté : ainsi fit Guillaume, triste de ne pouvoir rendre le peuple assez heureux.

Que ce souvenir passe sur sa tombe comme une prière!

TABLE.

Aux mères....................................	
L'Enfant des Champs-Elysées.........	1
Le petit Mécontent......................	45
L'Avenir d'une vieille femme..........	48
La grande petite Fille...................	57
La Royauté d'un jour..................	59
La jeune Fille et l'Oiseau.............	127
Les Etrennes de Gustave..............	129
La petite Pleureuse à sa mère........	144
Clochetin, ou le royaume de Sa-Sa...	146
Le Nuage et l'Enfant...................	173
Le côté du Soleil........................	176
La Maison blanche.....................	180
La petite Frivole........................	184
Les Vacances, ou les petits Politiques...	187
Les Enfants et les Miroirs.............	240
Les Pepins du roi Guillaume.........	242

Paris. — Imprimerie Dondey-Dupré, rue Saint-Louis 46, au Marais.

www.ingramcontent.com/pod-product-compliance
Lightning Source LLC
Chambersburg PA
CBHW050319170426
43200CB00009BA/1376